Oliver Berter

Der Messerstecher von Barmbek

oder

Lebenslänglich für Ahmad A.

Gerichtsreportage

Alle Texte, Textteile, Grafiken, Layouts sowie alle sonstigen schöpferischen Teile dieses Werks sind unter anderem urheberrechtlich geschützt. Das Kopieren, die Digitalisierung, die Farbverfremdung, sowie das Herunterladen z. B. in den Arbeitsspeicher, das Smoothing, die Komprimierung in ein anderes Format und Ähnliches stellen unter anderem eine urheberrechtlich relevante Vervielfältigung dar. Verstöße gegen den urheberrechtlichen Schutz sowie jegliche Bearbeitung der hier erwähnten Schöpferischen Elemente sind nur mit ausdrücklicher vorheriger Zustimmung des Verlags und des Autors zulässig. Zuwiderhandlungen werden unter anderem strafrechtlich verfolgt.

3. Auflage

Januar 2019

Publishing Rights © 2017 Oliver Berten

Winsen (Luhe), Germany

Kontakt: family.berten@t-online.de

ISBN: 9781794034570

Imprint: Independently published

Alle Rechte vorbehalte

Inhalt

Vorbemerkung	5
Vor Gericht	10
Auftritt eines Terroristen	16
Die Opfer	27
Am Tatort	35
Mein persönlicher Held	40
Mann mit zwei Gesichtern	51
Exploration des Angeklagten	66
Die Plädoyers	76
Das Urteil	91
Am Ende – ein Fazit	96

Vorbemerkung

Ahmad A. hat im vergangenen Sommer mit einem gestohlenen Fleischmesser mitten in Hamburg ein furchtbares Verbrechen, nein, eigentlich *sieben* furchtbare Verbrechen begangen. Heimtückischer Mord, auch der Versuch, ist nicht entschuldbar.

Schlimm ist, dass es immer mehr Menschen in unserem Land gibt, die Angst vor Terror und Gewalt verspüren. Die Anschläge sind ja geschehen: Durch den Attentäter Anis Amri (†28), Teil eines europaweiten salafistischen Netzwerks, im Dezember 2016 auf dem Weihnachtsmarkt in Berlin, zuvor im Juli 2016 durch den rechten Rassisten David S. (†18) in einem McDonalds in München, im Juli 2017 schließlich durch den selbstislamisierten Messerstecher Ahmad A. (heute 27) in und vor einem kreuzbraven EDEKA-Markt in Hamburg-Barmbek.

Im Gegensatz zu Anis Amri und David S., die beide im Zuge ihrer Tat zu Tode kamen, wurde der Messerstecher Ahmad A. *lebend* gefasst. Der Täter kam in U-Haft, der Generalbundesanwalt erhob Anklage. Seit dem 12. Januar 2018 wurde gegen den Messerstecher von Barmbek vor dem Hanseatischen Oberlandesgericht öffentlich verhandelt.

Heute sprach der 3. Strafsenat das Urteil – nach sechs Verhandlungstagen über eine Zeitspanne von knapp sieben Wochen. Justizkenner wissen: Ein kurzer Zeitraum für einen Fall dieser Bedeutung – und doch viel zu lang für die nicht wenigen, die mit dem geständigen, offensichtlich skrupellosen Mörder gerne *kurzen Prozess* gemacht hätten.

Ich habe die Hauptverhandlung vom ersten bis zum letzten Tag begleitet. Sie verlief für alle Beteiligten fair, strikt nach den Regeln der Strafprozessordnung. Diese Fairness und Transparenz, bei aller Entschiedenheit in der Sache, ist eine scharfe Waffe der Demokratie und des Rechtsstaats gegen den Terror. Auch deshalb, weil das Verfahren deutlich machte, was getan werden kann, um immerhin die Wahrscheinlichkeit einer erneuten Straftat dieser Art zu verringern.

Das gilt nicht nur für die Versäumnisse und Fehlentscheidungen der deutschen Behörden, die bei jeder dieser Terrorattacken erneut in Erscheinung treten. Ja, auch im Fall Ahmad A. hat es sie wieder gegeben. Wäre die Abschiebung des späteren Täters nach Norwegen nicht versäumt worden, hätte es am 28. Juli 2017 in dem Hamburger EDEKA-Markt keine Toten und grausam Verletzte gegeben, vielleicht aber dann in Oslo oder Tromsö. Auch hat es sich offensichtlich als amtliche Fehleinschätzung des LKA herausgestellt, die potentielle Gefährlichkeit des Täters als *psychische Probleme* zu bagatellisieren.

Allerdings ist zu bedenken, dass die Bekämpfung des Terrors ein extrem schwieriges Geschäft ist, in dem die zuständigen staatlichen Dienste jedes Jahr zu unzähligen Einschätzungen und Entscheidungen kommen müssen. Dass hier die Fehlerquote offensichtlich eher klein ist, zeigt die, nüchtern betrachtet, überschaubare Zahl an Terrorattacken hierzulande – bei doch so vielen *Gefährdern* und *Verführten* im Besitz der Technologie des 21. Jahrhunderts.

Es würde verdeckten und offen agierenden Ermittlern, die Strafverfolgungsbehörden insgesamt in ihrer Arbeit bestärken, wenn dies von einer breiten Öffentlichkeit gesehen und anerkannt würde.

Natürlich darf man sich mit Fehlern nicht abfinden. Auch Behörden müssen sie sich als lernende Organisationen erweisen, unbedingt. Nach dem Messerattentat von Barmbek haben Hamburgisches Landeskriminalamt und Verfassungsschutz die Bekämpfung des islamistischen Terrors organisatorisch weiter verstärkt; der Senat genehmigte elf weitere Stellen für Psychologen und Islamwissenschaftler. Aber die Schuld ist gerecht zu verteilen: Es war ja nicht die, vielleicht überlastete, für Ahmad A. zuständige Mitarbeiterin des Bundesamtes für Migration (der versehentlich der Abschiebetermin durch die Lappen ging), sondern der junge Mann aus Palästina, der erbarmungslos mit dem Messer auf die unschuldigen Menschen um ihn herum einhackte.

Es ist ein besonderer Aspekt, der den Fall Ahmad A. von den Fällen Anis A. oder David S. unterscheidet, und der mein besonderes Interesse geweckt hat: Die *Helden von Barmbek* – sechs mehr oder minder jüngere Männer, fünf von ihnen Muslime, die den Messerstecher auf offener Straße stoppten haben, bevor es noch womöglich noch mehr Verletzte, gar Tote gegeben hätte. Ohne Auftrag, ohne zu zögern. Mutig. Aus Zivilcourage.

Daraus können wir alle lernen. Und aus möglichen Antworten auf *die* Frage überhaupt, die sich jedem stellt, der wie ich Ahmad A. sieben Verhandlungstage lang in das zunehmend weniger starre Gesicht eines Mörders sah: Auch diese Person war bestimmt mal ein netter, vielleicht ein wenig zu ernster kleiner Junge. Wie kann ein Mensch darauf kommen, so etwas tun? Und was können wir tun, dass sich solche furchtbaren Verbrechen nicht wiederholen?

Darauf will diese Reportage eine von verschiedenen möglichen, auf jeden Fall eine bescheidene Antwort geben.

Oliver Berten
Winsen (Luhe), 1. März 2018

Strafjustizgebäude der
Freien und Hansestadt Hamburg,
Eingang Sievekingplatz
(Foto: Berten)

Vor Gericht

Hamburg, 12. Januar 2018, 08.45 Uhr. Ich befinde mich im Saal 237 des Strafjustizgebäudes der Freien und Hansestadt Hamburg. Um hierher zu kommen, musste ich zwei Sicherheitsschleusen überwinden, Gürtel, Armbanduhr und Kleingeld ablegen, zwei Mal durch eine sogenannte Torsonde, einen Durchgangs-Metalldetektor, schreiten und – Presseausweis hin oder her – mein Mobiltelefon wegschließen. Immerhin darf ich Block und Stift behalten. Überall bewaffnete Sicherheitskräfte in schwarzen Uniformen, Justizwachtmeister genannt, die mir nicht unfreundlich den Weg weisen.

Bei Prozessen, bei denen es um Staatsschutz, die Verfolgung von terroristischen Straftaten geht, herrschen höchste Sicher-heitsstandards. Wie vor vierzig Jahren, damals in Stuttgart-Stammheim beim Prozess gegen Baader, Meinhof und Co. – nur, dass Justitias technische Ausrüstung heutzutage tech-nisch weit perfekter daherkommt als in den Siebziger Jahren, als es einem distanz- und verantwortungslosen Anwalt der „Roten-Armee-Fraktion" gelang, einen Revolver in einer ausgehölten Prozessakte nach Stammheim einzuschmuggeln…

In wenigen Minuten soll hier das Verfahren gegen einen 26jährigen Angeklagten palästinensischer Volkszugehörigkeit eröffnet werden. Der Strafvorwurf der Bundesanwaltschaft lautet auf Mord, versuchten sechsfachen Mord und sechsfache gefährliche Körperverletzung. Das alles vor dem Hintergrund einer terroristischen Attacke. Das Aktenzeichen des Oberlandesgerichtes lautet 3 St 4/17. Der junge Mann ist bekannt als der Messerstecher oder der *Killer* von Barmbek.

Das Strafjustizgebäude wurde Ende des 19. Jahrhunderts im Stil eines prächtigen Renaissanceschlosses errichtet. Es liegt an der Nordseite des Sievekingplatzes in der Neustadt, also im inneren Kern der Hansestadt – nur einen Steinwurf von der ebenso imposanten, wenn auch *neobarocken* Laeiszhalle entfernt. Auch bis zur Reeperbahn, dem Heiligengeistfeld und der Elbphilharmonie sind es nur Minuten.

Mit seinen unzähligen Verhandlungssälen und peniblen Sicherheitsvorkehrungen wird das imposante klassizistische Bauwerk von Amtsgericht, Landgericht und Oberlandesgericht gleichermaßen und ausschließlich Gürtel, Armbanduhr und Kleingeld ablegen, zwei Mal durch eine sogenannte *Torsonde*, einen Durchgangs-Metalldetektor, schreiten und – Presseausweis hin oder her – mein Mobiltelefon wegschließen. Immerhin darf ich Block und Stift behalten. Überall bewaffnete Sicherheitskräfte in schwarzen Uniformen, *Justizwachtmeister* genannt, die mir nicht unfreundlich den Weg weisen.

Bei Prozessen, bei denen es um *Staatsschutz*, die Verfolgung von terroristischen Straftaten geht, herrschen höchste Sicherheitsstandards. Wie vor vierzig Jahren, damals in Stuttgart-Stammheim beim Prozess gegen Baader, Meinhof und Co. – nur, dass Justitias technische Ausrüstung heutzutage technisch weit perfekter daherkommt als in den Siebziger Jahren, als es einem distanz- und verantwortungslosen für die Verhandlung von Strafsachen genutzt.

Es ist das Pendant des fast noch prächtigeren, noch monumentaleren Palastes für die *zivile* Gerichtsbarkeit auf der gegenüberliegenden, der südlichen Seite des Platzes.

Abgerundet wird das bemerkenswerte städtebauliche Ensemble – auch *Justizforum* genannt – durch das 1912 eingeweihte Hanseatische Oberlandesgericht auf der Westseite. Ein weiterer Palast im klassizistischen Stil, der auch das Hamburgische Verfassungsgericht in sich birgt. Vergleichsweise klein zwischen Straf- und Ziviljustizgebäude, jedoch mit seiner 52 Meter hohen Kuppel von solch repräsentativer Wucht, dass es in den Vereinigten Staaten als *State Capitol* von Iowa oder Missouri dienen könnte, und dessen über dem mächtigen Portal eingemeißelte lateinische Sinnspruch

IUS EST
ARS BONI ET AEQUI

für den gesamten Sievekingplatz stehen soll: *Das Recht ist die Kunst des Guten und Gerechten.*

Saal 237 ist einer der größten des Hauses, gedacht für Verfahren mit vielen Prozessbeteiligten, solchen von besonderem öffentlichen Interesse – und solchen, die ein besonderes Maß an Sicherheit brauchen. Er stellt – zusammen mit Nachbarsaal 288 – den „Hochsicherheitstrakt" des Strafjustizgebäudes dar. Hier hält der Aufzug nur für Bedienstete mit besonderem Ausweis, hier müssen auch die Berichterstatter, nach der ersten Durchleuchtung unten am Eingang, eine erneute Sicherheitskontrolle mit Metalldetektoren überstehen und das Handy in einem Schließfach wegsperren.

Allein der Zuhörerbereich bietet – hinter Glas – Sitzplätze für weit über hundert Menschen, von denen heute fast die Hälfte für Medienvertreter reserviert sind. Der Saal ist übermannshoch mit düsterem Holz getäfelt; auch noch so viel Neonlicht erhellt ihn nur mühsam. Durch das trübe Milchglas auf seiner Nordseite dringt keine Sonne.

Erst als ein Wachtmeister zum Lüften eines der Fenster öffnet, kann ich einen Blick nach draußen werfen – auf einen gewaltigen braunroten Ziegelbau ebenfalls aus der Kaiserzeit, das Untersuchungsgefängnis der Hansestadt, das sich, nur durch eine schmale Durchfahrt getrennt, unmittelbar hinter dem Strafjustizgebäude auftürmt.

Gerichtssäle sind gebaute Ideologie, wird mir später ein junger Staatsanwalt verraten, in einer Verhandlungspause, in einem anderen Verfahren, im gleichen Haus. Die Last und Lust der Tradition…

Nicht wenige Beschäftigte des Hauses wünschen sich für ihre Arbeit weniger düstere Säle mit besserer Akustik, hellere Büros und kürzere Wege. Sie haben ihre Rechtswissenschaft lange nach den Alt-68ern studiert, an Reformuniversitäten. Haben mit der formierten, ungerecht-ungleichen, nicht selten erbarmungslosen Gesellschaft und Justiz der Kaiserzeit nichts am Hut. Und dennoch ist es ein besonderer Arbeitsplatz mit einer Respekt verschaffenden Tradition, das ja, und ein sakrosanktes Baudenkmal, dessen Inneres durchsetzt ist von der Technik des 21. Jahrhunderts, den Metalldetektoren und Röntgenapparaten der Sicherheitskontrollen, allgegenwärtigen Klapprechnern und modernster Medientechnik.

In Saal 237. Direkt über dem Haupt des Vorsitzenden, getragen von vier flachen Pilastern aus Eiche, krönt ein dekorativer Dreieckgiebel die Vertäfelung aus dunklem Holz. Im Inneren des Giebels viel geschnitzte Gebrauchskunst nach Kaiserart: Im Zentrum findet sich Justitias berühmte Waage vor einem dicken Gesetzbuch, eingerahmt von zwei unbekleideten Herrschaften – *Justitia* spricht Recht, ohne sich von Äußerlichkeiten blenden zu lassen… Rechts und links zwei martialische Schwerter, mit Schriftbändern SCHULDIG bzw. NICHTSCHULDIG versehen.

Eine missverständliche Symbolik. Wer in diesem Gebäude ein- und ausgeht, weiß: In diesem Haus dreht es sich nur selten darum, ob der Angeklagte tatsächlich eine Straftat begangen hat. Zwar, auch wenn die *Aktenlage* noch so eindeutig ist: Der Rechtsstaat verlangt, dass der Staatsanwalt dem Angeklagten die Tat vor Gericht, *live* und zweifelsfrei, durch Beweismittel aller Art öffentlich nachweist – die große Stunde der Verteidiger der zu Unrecht Angeklagten in amerikanischen Gerichtsfilmen.

Doch in der Realität, eigentlich fast immer, haben die Strafverfolgungsbehörden im Vorfeld ihre Hausaufgaben so penibel gemacht, dass das Gericht durch diese Phase der Beweisaufnahme pflügt wie ein Dampfer durch ruhige See. Nicht die Frage des *Ob* bestimmt große Teile der Hauptverhandlung, sondern das *Wie*, die Hintergründe der Tat und die Persönlichkeit des Täters. Geschah die Straftat aus Fahrlässigkeit oder mit Vorsatz? Im Affekt oder heimtückisch geplant? Im Zustand psychischer Verwirrung oder bei voller Schuldfähigkeit?

Fragen, auf die das Gericht – stellvertretend für die Gesellschaft – schlüssige Antworten finden muss.

12. Januar 2018:
Ahmad Alhaw vor dem
Hamburger Oberlandesgericht
(Foto: picture alliance/Charisius)

Auftritt eines Terroristen

Zurück zu Saal 237. Bis zum Beginn der Hauptverhandlung sind es nur noch wenige Minuten. Die beiden Staatsanwälte und der Verteidiger, Protokollführer, Sachverständige, Dolmetscher, die Vertreter der Nebenkläger sind bereits auf ihren Plätzen. Manche bedienen ihre Laptops, andere unterhalten sich leise mit ihrem Nebenmann. Vorschriftsgemäß haben die Anwälte ihre Roben angelegt. Höflich-bestimmte Justizwachtmeister erscheinen allgegenwärtig.

Auch der Zuschauerraum ist gut gefüllt; die ersten fünf Reihen besetzt von Journalisten. Es ist wie im Theater, kurz bevor sich der Vorhang öffnet. Eine Spannung liegt im Saal. Eine *erwartungsvolle* Spannung.

Es fehlen noch: Der Angeklagte und der Vorsitzende mit seinen Richterkollegen.

Ein Justizwachtmeister öffnet die Tür zur Vorhalle und winkt. Wie auf Kommando strömt ein Pulk von Kameraleuten und Fotografen in den Saal, verteilt sich zwischen all' dem alten Holz auf der Suche nach dem richtigen Blickwinkel.

Während des Prozesses sind Bild- und Tonaufnahmen nicht erlaubt; die zahlreichen Medien vor Ort brauchen aber *Bildmaterial*, Millionen von Zuschauern und Lesern wollen den Angeklagten, den mutmaßlichen Mörder und Terroristen mit eigenen Augen sehen. Also lässt das Gericht wenige Minuten vor Beginn der Hauptverhandlungen jeweils ein Team von einem öffentlich-rechtlichen und einem privaten Sender sowie bis zu drei Fotografen zu.

Von meinem Platz in der zweiten Reihe des Zuhörerbereichs kann ich erkennen, wie sich links hinter dem Tisch für den Angeklagten und seinen Verteidiger, ein paar Meter vom Saaleingang entfernt, eine weitere, niedrige, unscheinbare Tür öffnet.

Eine solche Tür gibt es hier in allen Gerichtssälen. Dahinter liegt ein verstecktes System von Treppen und Gängen. Es führt ohne Umwege in die unterirdischen Katakomben des Strafjustizgebäudes, und von dort, über einen langen Tunnel, direkt in das Untersuchungsgefängnis. So können Gefangene, von der Öffentlichkeit streng abgeschirmt, von ihrer Zelle unmittelbar zur Anklagebank geführt und später wieder abgeführt werden.

Das leise Gespräch, das verhaltene Klappern der Tastaturen im Saal bricht ab. Zwei Justizbeamte steuern den Angeklagten durch die Öffnung in den Saal. Kameras werden gehoben, fokussiert. Fotografen rücken näher. Das stumme Ritual, wie von einer komplizierten Choreographie gesteuert, beginnt.

Bei dem jungen Mann vor Gericht handelt es sich um Ahmad Abdul-Mouen Mohammad Alhaw, geboren am 30. Januar 1991 in Al-Baha, Saudi-Arabien – in den meisten Medien vor seiner Verurteilung nur Ahmad A. genannt. Angeklagt wegen Mordes, sowie des versuchten Mordes in sechs Fällen, und sechsfacher gefährlicher Körperverletzung.

Schlimme Taten, hintereinander begangen vor weniger als einem halben Jahr, am Nachmittag des 28. Juli 2017 mitten im unspektakulären Hamburg-Barmbek, in einem EDEKA-Markt und auf offener Straße; innerhalb kürzester Zeit – kaum länger als die Zeit, die Ahmad A. jetzt in Saal 237 auf seine Richter wartend vor den Kameras verharrt.

Wie alle hier betrachten auch die Oberstaatsanwältin und der Staatsanwalt aus dem fernen Karlsruhe die leicht turbulente Szene, in der Ahmad A. den Saal betritt. Die Anklagevertreter tragen die dunkelrote Roben. Sie sind Abgesandte des Generalbundesanwalts, der den Fall als Akt islamistischen Terrors an sich gezogen hat.

Vor diesem Hintergrund sind nicht die sonst für Tötungsdelikte zuständigen Großen Strafkammern des Landgerichts zuständig, als

Schwurgericht mit drei Berufsrichtern und zwei Laien-Schöffen (Geschworenen).

Es wird der 3. Senat des übergeordneten Hanseatischen Oberlandesgerichts im Fall 3 St 4/17 Recht sprechen. Der 3. Senat, der *Staatsschutzsenat* setzt sich lediglich aus drei Berufsrichtern zusammen, die der Aushang neben der Saaltür wie folgt benennt: Vorsitzender Richter Norbert Sakuth plus die beiden beisitzenden Richter am Oberlandesgericht Dr. von Freier und Dr. Meinken.

So ist es sonst, wenn der Angeklagte zum Prozessauftakt den Saal betritt: Gesenkter Kopf hinter einem aufgeklappten Aktendeckel oder Schnellhefter. Auch eine tief über die Stirn gezogene Kapuze leistet gute Dienste, wenn es gilt, auf dem Weg zur *Anklagebank* – tatsächlich ein geschnitzter Tisch mit Stühlen dahinter wie bei den anderen Prozessbeteiligten auch – das Gesicht vor den unerbittlichen Kameras der Fernsehteams und der Pressefotografen zu verstecken.

So kommt ein hochgespannt-aufgewühlter Angeklagte eben mit verdeckten Gesicht ins Blatt oder ins Fernsehen, das zeigt, wie ihm der Justizwachtmeister die Handfessel löst, der Verteidiger ihm beruhigend die Hand auf den Arm legt.

Wer immer den Betreffenden den Rat der Selbst-Verdeckung gibt: es handelt sich doch um einen Akt der Selbst-Stigmatisierung, signalisiert angenommene Schuld und eben Scham, aber auch die Hoffnung, irgendwann vielleicht noch einmal, unerkannt, ein Leben in Freiheit führen zu können.

Ganz anders Ahmad Alhaw. Der *Killer von Barmbek* (BILD) tritt mit unverhülltem Gesicht in das Innere des Saals, scannt mit schnellem Blick die beeindruckende Szene um ihn herum, ohne überrascht zu wirken. Scheinbar hat sein Verteidiger ihm gesagt, was auf ihn zukommt.

Jedenfalls ist Ahmad A. gewappnet. Wie er erst zögerlich, dann ohne zu stoppen, irgendwie freiwillig die wenigen Meter bis zu dem freien Platz neben seinem Anwalt zurücklegt, sehr schmächtig zwischen den beiden breitschultrigen, hochgewachsenen Wachtmeistern. Sich auf die lederbezogene Bank niederlässt, seinen Verteidiger zu seiner Linken, dem Dolmetscher neben ihm zunickt. Jetzt lautlos, fast regungslos dasitzt.

Sich mit leicht gespreizten Beinen zurückgelehnt wie jemand, der einen Vorgang interessiert beobachtet, dabei die Lippen bewegt wie jemand, der betet. Den Kameraobjektiven nicht ausweicht, den Blick der unzähligen, auf ihn gerichteten Augenpaare auf eine ungenaue Art kreuzt, den eigenen auf einen Punkt nahe dem Kopf des Betrachters fixierend.

Hat er das vorab trainiert? Oder ist Ahmad A. ein Naturtalent der Non-Kommunikation? Hält er das durch, über alle Verhandlungstage?

Wir werden sehen.

Andere Angeklagte tragen ihren eigenen Ordner, oder immerhin einen Schnellhefter mit sich – Unterlagen zu dem gegen sie gerichteten Verfahren, vielleicht Notizen für eine geplante Aussage. Dieser Angeklagte hier hält nichts als ein einziges gefaltetes Blatt Papier und einen aufgerissenen gelben Briefumschlang in der Hand; wie etwas, was man zum Einlass vorzeigt. Offensichtlich ein amtlich überbrachtes Schreiben. Die Vorladung zu diesem Prozess, geht mir auf. Er hat sie jedoch nicht vorzeigen müssen, trägt sie beiläufig mit sich wie einen Bußgeldbescheid wegen falschen Parkens, gegen den man im Amt Widerspruch einlegen will.

Wie sich Ahmad A. mit offenem Visier der Öffentlichkeit stellt, erinnert mich an den Fall Marcel Heße. Den Doppelmörder von Herne. Ein erst Zwanzigjähriger, der im vergangen Jahr zunächst einen neunjährigen Nachbarsjungen brutal ums Leben brachte, sich gleich darauf im Internet mit der Tat und seinen blutigen Händen brüstete. Dann wenige Tage später einen 22jährigen Schulfreund mit unzähligen Messerstichen tötete, dessen Wohnung in Brand steckte bevor er sich, nicht ohne Stolz, der Polizei stellte.

Auch der Angeklagte Heße verbarg bei Beginn seines Prozesses vor dem Landgericht Bochum nicht das Gesicht, lässt die Hauptverhandlung bis zum Urteil – am 31. Januar 2018, also in wenigen Tagen, während das Verfahren gegen Ahmad A. hier in Hamburg noch läuft – in scheinbar gleichmütigem Ernst über sich ergehen.

U nser Angeklagter hier ist schlank, wenn nicht mager, und erscheint viel kleiner als die 1,87 Meter, die der Rechtsmediziner bei ihm maß, viel kleiner, als ihn die millionenfach angeklickten Handyvideos vom 28. Juli vergangenen Jahres, mit dem blutigen Messer in der Hand, auf offener Straße zeigen. Er trägt einen hochgeschlossenen dunkelblauen Pullover, zu kurze blaue Stoffhosen, geschnürte Halbstiefel. Zusammengesuchte Stücke aus der Kleiderkammer des Untersuchungs-gefängnisses?

Sein dunkelbraunes Haar ist länger als früher, es liegt in festen Wellen über dem Schädel, fällt bis in den Nacken. Die Brille unter den prägnanten dunklen Augenbrauen erscheint neu; jedenfalls trug er bei der Messerattacke keine.

Das Web ist voll mit Bildern des Messerstechers von Barmbek. Allen Aufnahmen gemeinsam sind die leicht abstehenden Ohren, der einhakende Blick, der schmale Mund, wenn überhaupt, dann ein sparsames Lächeln bar jeder Heiter- oder Fröhlichkeit. Ein Bild von seinem Aufenthalt in Spanien zeigt ihn glattrasiert, da mag man einen ernsten kleinen Jungen erkennen.

In der zwei Jahre alten Reportage in SPIEGEL-TV, in der er in flüssigem, akkuratem Englisch von seiner Odyssee durch Europa berichtet, trägt Ahmad A. nur die generationsüblichen schwarzen Schatten auf Wangen und Kinn. Wie auch im vergangenen Juli, als sechs beherzte Hamburger Bürger mit Caféhausstühlen und einer Brechstange seine Messerattacke stoppten.

Heute, nach 168 Tagen in Untersuchungshaft, hat sich sein Aussehen entscheidend gewandelt. Von dem Kind aus Gaza-Stadt ist nichts mehr zu erkennen – ein langer braunschwarzer Vollbart wallt über die untere Hälfte seines Gesichts.

Ahmad A.'s Haltung, seine minimale Gestik und Mimik senden mir folgende Signale:

Ich weiß, wo ich bin, was geschieht.

Es berührt mich nicht. Mein Richter ist ein anderer.

Schuldgefühle? Nicht erkennbar.

Ich verstehe. Das wir ihn sehen, dass Millionen von Fernsehzuschauern, Zeitungslesern, Onlinenews-Abonnenten ihre Gesichter sehen, ist Alhaw und Heße egal. Sie empfinden keine Scham. Sie haben mit dem Leben in der Gesellschaft längst abgeschlossen, sind nur noch seich selbst zugewandt.

Dann öffnet sich eine weitere Tür, an der Stirnseite des Raumes. Die drei Richter betreten Saal 237, bewegen sich zügig zu ihren Plätzen. Wer sitzt, erhebt sich und lässt sich gleich wieder nieder – nach einer leichten Geste des Vorsitzenden, der jetzt den Kameraleuten und Fotografen höflich zunickt, die längst *ihn* in den Fokus genommen haben. Lässt sie eine kurze Sekunde gewähren, bittet sie dann nicht unfreundlich, den Saal zu verlassen.

Ein letzter Kameraschwenk über die übrigen Prozessbeteiligten, den prall gefüllten Zuhörerraum, dann tritt der technikbeladene Trupp ab wie ein quirlender Spuk. Hinter dem letzten schließt ein Wachtmeister die Saaltür mit einem gedämpften Schlag, jetzt kann der Vorsitzende die Hauptverhandlung eröffnen. Eine Begrüßung der Anwesenden, womöglich unter Bietung der Tageszeit, erfolgt nicht. Jetzt noch die förmliche Feststellung der Anwesenheit des Angeklagten, dann können die Bundesanwälte die Anklageschrift verlesen.

Eine unspektakuläre Angelegenheit, ein allen Prozessbeteiligten längst bekannter Text: Die Schilderung des grausamen Hergangs der Tat, die vorübergehende Schließung der Jerusalemer Al-Aqsa-Moschee durch Israel für ihn als Anlass, „wahllos deutsche Staatsangehörige zu töten, Beitrag zum weltweiten Dschihad". Am Ende: Aufzählung der einschlägigen Paragrafen des Strafgesetzbuches: § 211 für

Mord und § 224 für gefährliche Körperverletzung, gegen die Ahmad A. verstoßen hat.

Für Mord kommt nach deutschem Recht nur eine einzige Strafe in Betracht: Lebenslänglich. Als Mörder gilt, wer aus Mordlust, zur Befriedigung des Geschlechtstriebes, aus Habgier oder anderen niedrigen Beweggründen, heimtückisch oder grausam oder mit gemeingefährlichen Mitteln einen anderen Menschen getötet hat. Um Mord handelt es sich auch, wenn mit der Tat eine andere Straftat ermöglicht oder verdeckt werden soll („Ermöglichungsabsicht") . Die *niedrigen Beweggründe* sind § 211 nicht im Einzelnen aufgeführt, jedoch unstrittig ist, dass Rache und Hass (auch solcher rassistisch motivierte, zum Beispiel beim Völkermord) dazugehören.

Der Mord*versuch* kann als schweres Verbrechen grundsätzlich ebenso hoch bestraft werden wie die vollendete Straftat. Da jedoch in sechs Fällen der „Taterfolg" – wie es so schön im Juristendeutsch heißt – nicht eingetroffen ist, sind hier befristete, wenn auch lange Freiheitsstrafen von zehn Jahren und mehr möglich. Auch die gefährliche Körperverletzung kann in einem schweren Fall mit zehn Jahren Gefängnis bestraft werden.

Rechnerich kommt da mehr zusammen, als für ein einzelnes Leben reicht. In wenigen Tagen wird eine Richterin im US-amerikanischen Bundesstaat Michigan den Arzt Larry Nassar ist wegen massenhaften sexuellen Missbrauchs junger Turnerinnen zu 175 Jahren Haft verurteilen. Ein solches Addieren weit über den Tod hinaus gibt das deutsche Strafrecht nicht her. Jedoch hat der 3. Strafsenat des Hanseatischen Oberlandesgerichts Hamburg andere Möglichkeiten, dafür zu sorgen, dass Ahmad A. nie mehr zurück in die Freiheit kommt.

Zwar, jeder weiß: Lebenslänglich muss nicht unbedingt lebenslänglich bedeuten. Nach 15 Jahren hinter Gittern räumt das Gesetz auch einem verurteilten Mörder das Recht auf eine Haftprüfung ein. Kommen die Gutachter dann zu dem Ergebnis, dass der Straftäter nun keine Gefahr mehr für die Gemeinschaft darstellt, kann der Rest der Strafe zur Bewährung ausgesetzt werden.

Aber auch nur dann, wenn das Gericht bei seinem Urteil nicht die besondere Schwere der Schuld festgestellt. Damit entfällt dieser Anspruch und selbst wenn man den verurteilten, ja heute noch sehr jungen Täter nach 20 oder 25 Jahren aus der Zelle lassen würde, käme eine Sicherungsverwahrung in einer speziellen Einrichtung in Betracht, die ihn auch für den Rest seines Lebens von der Freiheit draußen in der Gesellschaft ausschließt.

Genau zu diesem Urteil wird das Landgericht Bochum in wenigen Tagen, am 31. Januar 2018, im Fall Marcel Heße kommen, nachdem zwei psychiatrische Gutachterinnen übereinstimmend die uneingeschränkte Schuldfähigkeit des Angeklagten *nach dem Erwachsenenstrafrecht* (möglich, aber nicht zwingend) attestiert hatten. Das Urteil lautet: „Lebenslänglich" plus Feststellung der besonderen Schuld plus Vorbehalt der Sicherungsverwahrung. „Mehr Strafe geht nicht!", wird BILD titeln.

Eine Genugtuung für die Angehörigen der Opfer.

Jedenfalls geben die Paragrafen 211 und 224 des Strafgesetzbuchs nur den, wenn auch recht engen, Rahmen vor, in dem sich das Urteil am Ende des Prozesses bewegt – sofern die Richter von der Täterschaft und der Schuldfähigkeit des Angeklagten überzeugt sind.

Viel hängt vom Verlauf der Hauptverhandlung ab. Welche Vorgeschichte hat die Tat, wie stellen sich die Lebensumstände, die gesamte Persönlichkeit des Angeklagten dar? Ist er geständig, zeigt er Scham und Reue? Oder wird er bis zum Lebensende eine Gefahr für Leib und Leben seiner Mitmenschen darstellen?

Das Gericht hat den erfahrenen Anwalt Christoph Burchard aus Hamburg-Altona zum Pflichtverteidiger des Angeklagten bestellt. Dieser wird seinem Mandanten, mit Hilfe des vereidigten Dolmetschers Adnane Haloui, über das zu erwartende Strafmaß aufklärt haben – und was Ahmad A. womöglich dazu beitragen könnte, um noch irgendwann einmal in seinem Leben aus der Haftanstalt entlassen zu werden.

Doch der junge Palästinenser bleibt stumm, als ihn zum Prozessauftakt der Vorsitzende nach Verlesung der Anklageschrift das Recht auf Erwiderung einräumt. Stattdessen erhebt sich sein Anwalt, gibt für seinen Mandanten eine vorbereitete Erklärung ab: Achmed A. räume alle Anklagepunkte ein. Er übernehme die Verantwortung und bekenne sich ausdrücklich schuldig. Zum Geschehen könne er sich nicht im Detail äußern, weil er am Tag der Tat unter erheblicher innerer Anspannung gestanden und sich nicht mehr gut erinnern könne. Aber ja, die Taten hätten einen „religiösen Hintergrund" gehabt.

Tatsächlich hatte es angesichts der vielen Zeugen und anderer Beweismittel – so hatte eine Überwachungskamera im Inneren des EDEKA-Ladens den Mord an seinem ersten Opfer Matthias P. (50) akribisch dokumentiert – nie einen Zweifel an der Täterschaft des 26jährigen Palästinensers gegeben.

Zumal sich Ahmad A. nach seiner Verhaftung gegenüber der Polizei mit seinen Taten gebrüstet und Befriedigung über die hohe Zahl der Opfer habe erkennen lassen – wie ein Zeuge aus dem Landeskriminalamt später an diesem Tag zu Protokoll geben wird. „Süffisant lächelnd, mit stolzer Körperhaltung", so der Polizist, habe der Täter gestanden, *im Auftrage Gottes* möglichst viele deutsche Christen vom Leben zum Tod zu befördern.

„Ich bin ein Terrorist", hatte verhaftete Gewalttäter erklärt, was eben den Generalbundesanwalt auf den Plan rief, der später jedoch keinen Anhaltspunkt für eine Verbindung des Täters zum IS oder eine andere Terrororganisation ausmachen konnte – weshalb der schwere Tatvorwurf „Mitgliedschaft in einer terroristischen Vereinigung", der *allein* zu einer Verurteilung von bis zu zehn Jahren führen kann, von Karlsruhe nicht erhoben wurde.

Ein paar Youtube-Filmchen vom Islamischen Staat herunterzuladen, sich eine IS-Fahne zu basteln, wie die Fahnder es in seiner Unterkunft fanden, macht allerdings noch keinen Terroristen, noch nicht mal einen selbsternannten. Achmad A.'s blutige, schreckliche Tat allerdings.

Denn Terrorismus, egal, welche politischen oder weltanschaulichen Extreme ihn gebiert, will die Grundstrukturen eines Gemeinwesens erschüttern, durch Angst. Angst, die die Menschen einschüchtert.

Angst vor unberechenbarer, unvermuteter, blutiger Gewalt.

Der Blick des Angeklagten
weicht dem Kameraobjektiv
um eine Winzigkeit aus
(Foto: picture alliance/Charisius)

Die Opfer

26. Januar 2018, 9.00 Uhr. Zweiter Verhandlungstag im Mordprozess gegen Ahmad Alhaw, dem Messermörder von Barmbek. Heute, in dieser noch frühen Phase des Verfahrens, sollen dessen Opfer, und zwar nach der zeitlichen Reihenfolge der Attacken, zu Wort kommen.

Für den Täter vor Gericht ist die Konfrontation mit dem Opfer einer der unangenehmsten Momente. Vielleicht um sich zu wappnen, hat Ahmad A. heute den Saal 237 mit einer *Takke* auf dem Kopf betreten; eine oft schön bestickte oder gehäkelte Gebetsmütze für strenggläubige Muslime. Hier jedoch ein einfaches graues Strickteil, eng über den Schädel gezogen.

Jahrhundertelang galten Kopfbedeckungen als nicht mit der Würde des Gerichts vereinbar, saftige Ordnungsstrafen drohten. Doch erst vor wenigen Wochen hat der Europäische Gerichtshof für Menschenrechte das Tragen einer religiösen Kopfbedeckung vor Gericht für zulässig erklärt; unabhängig davon hat der Vorsitzendes des 3. Strafsenats nach eigenem Bekunden kein Problem mit der Takke, solange er dem Angeklagten ins Gesicht sehen kann. Das trifft zu, wenn auch eigeschränkt durch die üppige Barttracht, die ihm kein deutsches Gericht verbieten kann.

Die vier Männer und zwei Frauen, die Ahmad A.'s Messerattacke am 28. Juli 2017 überlebten, treten in diesem Verfahren als sogenannte *Nebenkläger* auf, lassen sich durch eigene Anwälte vertreten. Als Opfer von schweren Gewalttaten steht ihnen zu, an der gesamten Hauptverhandlung aktiv teilzunehmen. Sie und ihre Anwälte haben das Recht, Fragen zu stellen, Erklärungen abzugeben, Beweisanträge zu stellen und Akten einzusehen, ja, nach dem Staatsanwalt ihr eigenes Plädoyer mit einem eigenen Strafantrag zu halten. Die Nebenklage dient nicht nur dazu, die Interessen der Geschädigten schwerer

Gewalttaten vor Gericht in ausdrücklicher Form zu wahren und zu unterstreichen. Sie kann von heilsamer psychologischer Wirkung für den Betroffenen sein, der hier und jetzt dem Täter nicht mehr als hilfloses Opfer sondern als selbstbewusster Co-Ankläger entgegentritt.

Hier in Saal 237 haben die Nebenkläger ihren Platz an der Fensterseite, wo eine lange Bank neben den Staatsanwälten und gegenüber dem Angeklagten für sie reserviert ist, davor teilen sich ihre Anwälte zwei Tische. Die *Opferanwälte* sind von der ersten Minute an präsent, Nebenkläger selbst sollen heute zunächst als Zeugen aussagen, bevor sie auf ihrer Bank Auge in Auge mit Ahmad A. Platz nehmen können – wenn sie denn wollen, die Kraft dafür aufbringen.

Matthias P. wohnte gleich um die Ecke, wollte an jenem Freitag im Juli gegen 15 Uhr noch schnell für das Wochenende einkaufen. Doch soweit kam es nicht. Rein zufällig stand er in Sichtweite des Täters, als dieser sich aus der Auslage mit den Küchenutensilien bedient hatte. Achtete gar nicht auf Ahmad A., als ihn die frischgeschliffene, zwanzig Zentimeter lange Klinge traf – mindestens vier Mal rammte der Angeklagte das Messer bis zum Heft in den Körper seines Opfers, mit enormer Wucht, wie Dr. Klaus Püschel (65) in wenigen Tagen als Zeuge aussagen wird.

Der erste Stich ging in den unteren rechten Brustkorb bis durch Leber und Brusthöhle. Der Zweite zersplitterte Rippen auf der linken Brustseite, drang von oben tief hinein in die Bauchhöhle bis zu Niere und Wirbelsäule. Ahmad A.'s dritte Messerattacke traf Matthias P. in der Herzregion und führte schräg durch den großen Brustmuskel bis hin zu linken Achsel, der vierte ging von innen nach außen durch den linken Oberschenkel. Die ersten Stiche waren für sich alleine tödlich, wird der erfahrene Rechtsmediziner ausführen, akut starb das Opfer sehr schnell durch äußeres und inneres Verbluten, allein im Körperinneren wurden 5,5 Liter Blut gefunden.

Es sah so aus, als würden da zwei miteinander kämpfen", berichtet Ingo T. als erster Zeuge des Tages. Eine Notoperation rettete sein Leben; drei Wochen musste er im Krankenhaus verbringen, ist bis heute krankgeschrieben. Der 56jährige Redakteur stand damals ein paar Schritte von Matthias P. an der Wursttheke des Marktes, hatte eben seine Bestellung aufgegeben. Schnelle Bewegungen, laute Schreie machten ihn aufmerksam. Wie gebannt beobachtete er, wie Ahmad A. auf sein erstes Opfer einhackte, dann den Mann am Boden liegen ließ und sich unvermittelt auf ihn selbst stürzte – gerade als ihm die Verkäuferin sein Wurstpaket reichte.

Für Flucht oder Abwehr war es zu spät, schon traf ihn das Messer des Angeklagten mit voller Wucht in die Brust. Ingo T. stürzte auf den Boden – „Ich habe nur leise um Hilfe gerufen, weil ich Angst hatte, zu viel Blut zu verlieren." – während der Täter aus dem Laden rannte, um auf offener Straße weitere Opfer zu finden.

Offensichtlich will der Strafsenat bei der richterlichen Vernehmung Ahmad A.'s Opfer schonen. Der Vorsitzende stellt seine auffällig wenigen Nachfragen sehr behutsam. Ja, körperlich sei er wieder soweit hergestellt, gibt Ingo R. an, die psychologische Seite hingegen sei komplexer. Das Ganze gehe ihm nicht aus den Kopf. Ja, deshalb sei er auch in Therapie.

Einen kleinen Moment lang wendet das Opfer als Zeuge den Kopf, wirft einen kurzen Blick auf den Gewalttäter. Dieser sitzt nur wenige Schritte entfernt zwischen seinem Verteidiger und dem Dolmetscher, der ihm Aussage nach Aussage in arabischer Sprache übersetzt zuraunt.

Auch heute wird der Angeklagte wieder bewacht von zwei stämmigen Justizwachtmeistern, obwohl er unter seiner Gebetsmütze noch schmächtiger wirkt als am ersten Tag, und man sich die Bilder aus dem Web vor Augen führen muss – Ahmad A. mit gezückter, blutiger Stichwaffe auf der Straße vor dem EDEKA-Markt – um die Worte der Zeugen mit der Erscheinung des Mörders vor Gericht in Einklang zu bringen. Wie am ersten Verhandlungstag ist dessen Blick nicht fokussiert, jedenfalls, sofern er nicht direkt angesprochen wird, auf kein lebendes Wesen im Saal gerichtet.

Vom Vorsitzenden unvereidigt entlassen, nimmt Ingo T. als einziger Zeuge des Tages seinen Platz auf der Nebenklägerbank ein, direkt gegenüber dem Angeklagten. Von hier aus wird er auch die kommenden Tage zwischen den anderen Prozessbeteiligten das Geschehen in Saal 237 verfolgen, bis zum Urteil seinen Peiniger nicht aus den Augen lassend. Zunehmend gelassener, selbstbewusster. Auch ein nicht-kurzer Prozess, ein faires Verfahren kann für das Opfer beschwichtigend, vergeltend, tröstend, wiedergutmachend sein.

Wie Ingo T. hatte auch der nächste Zeuge das Pech, zur falschen Zeit am falschen Ort zu sein. Ausgerechnet an seinem ersten Urlaubstag war Dirk M. am frühen Nachmittag zu dem EDEKA geradelt, um noch ein paar Besorgungen zu machen. Der 57jährige Hausmeister hatte gerade sein Rad abgestellt, und war damit beschäftigt, seinen Rucksack vom Gepäckträger zu neh-men, als die Tür des Supermarktes aufflog, Ahmad A. herausstürzte und mit ausgebreiteten Armen auf ihn zustürmte.

„Der Typ rannte mich über den Haufen", gibt das Opfer heute mit halb erstickter Stimme zu Protokoll, den Blick starr geradeaus ge-richtet, obwohl ihn in diesem Augenblick nur zwei Mannslängen vom Täter trennen. „Ich war ihm wohl lästig, ein wunderbares Opfer, er drosch er mit einem Riesenmesser auf mich ein wie ein Geisteskranker. Überall kam Blut…"

Der Schock verdrängte den Schmerz, Dirk M. stieg trotz seiner lebensgefährlichen Verletzung wieder aufs Fahrrad, fuhr nach Hause, wo eine Nachbarin gottseidank die große Wunde an seiner Seite sah und in letzter Minute den Notarzt holte. Aufgewühlt, stockend beantwortet der Zeuge die Fragen des Vorsitzenden. Ein paar Tage Krankenhaus, vier Wochen krankgeschrieben, noch heute *mit den Nerven fertig*.

Dann Abgang ohne einen Blick links oder rechts, bloß raus, bloß weg von diesem Angeklagten.

Eine kurze Pause, der nächste Zeuge ist noch nicht da. Um mich herum betretenes Schweigen. Die meisten Beteiligten bleiben im Saal, auch der gut bewachte Ahmad A., der aufrecht auf seinem Stuhl sitzt, die Hände ineinander verschränkt, die *Takke* über seinem Haar wie ein wärmender Helm, einen Punkt auf der anderen Seite, der Fensterseite des Raumes fokussierend.

Ich versuche, den Blick des Angeklagten einzufangen. Einen Kontakt mit ihm herzustellen. Stehe auf, trete nahe an die Glaswand heran, die den Zuhörerraum vom eigentlichen Gerichtssaal trennt. Hebe in einer schnellen Bewegung die Hand. Doch Ahmad Alhaws Blick fixiert einen Punkt zwei Meter weiter. Nicht starr: *diszipliniert.* Vielleicht ein Stück Fensterbank, dahinter die Scheiben aus Milchglas, *dahinter* der massige Block für die Haft, aus dem sie ihn geholt, in den sie ihn nachher wieder zurückbringen werden.

In vier Tagen jährt sich seine Geburt zum 27. Mal, eine Feier für ihn wird es nicht geben.

Der nächste Zeuge ist viel jünger. Jan-Lukas H., ein kräftiger junger Mann, Opfer eines weiteren versuchten Mordes, weil er just in dem Augenblick um die Ecke kam, als sich die Kunden in Panik aus der Tür des EDEKA-Marktes drängten, vor dem Mann mit dem Messer flohen. Auch Jan-Lukas H. wandte sich um, war jedoch nicht schnell genug – die Waffe traf ihn tief in den Rücken.

Der Auszubildende war vier lange Monate krankgeschrieben, ein halbes Jahr nach der Tat täten die Narben immer noch weh, berichtet der 19jährige, und wohl auch nicht nur die körperlichen. Jedenfalls bekäme er die Erinnerung an das Verbrechen nicht aus dem Kopf.

Nach der Attacke auf Jan-Lukas H. wandte sich Ahmad A. vor dem EDEKA nach links, rannte, immer noch die gefährliche Waffe in der Hand, in südlicher Richtung die Fuhlsbüttler Straße hinunter. Dort kam ihm Klaus-Peter S. entgegen wandte. Befand sich – ebenso wie der nächste Zeuge, das nächste Opfer – zur falschen Zeit am falschen Ort, als Ahmad A. auf ihn einstach. „Ich dachte, jetzt muss ich sterben!" Die Nachfragen des Richters können noch so behutsam sein, dem Zeugen kommen doch die Tränen.

Äußerlich kam der 65jähriger Elektriker noch halbwegs glimpflich davon, er erlitt „nur" eine schwere Schnittverletzung am Oberarm. Doch in seinem Inneren peinigt ihn eine schwere posttraumatische Belastungsstörung. „Ich muss immer auf die Hände der Leute schauen, wenn ich einkaufen gehe…" „Ich wünsche Ihnen alles Gute", sagt der Vorsitzende, als er Klaus-Peter S. entlässt; beim Herausgehen hält das Opfer den Kopf gesenkt, umschifft den Anblick des Täters.

Auch bei Eveline P., die dem flüchtenden Täter auf dem Fahrrad entgegenkam, überwiegen die seelischen Folgen der Tat. Der Vorsitzende fragt nach. Ja, eine Traumatherapie helfe ihr, nach und nach das schreckliche Erlebnis zu verarbeiten.

Ahmad A. hatte der 31jährigen Lehrerin *im Vorübergehen* einen heftigen Schlag gegen die Brust versetzt, die Messerspitze drang durch das Kleid, nicht jedoch durch die Haut der Zeugin. Sie beherzte die alte Überlebensregel „Immer in Bewegung bleiben" und setzte ihre Fahrt fort, bis der Attentäter kurze Zeit später überwältigt wurde.

Was alle bisherigen Opfer übereinstimmend zu Protokoll geben, ist ihr Schock über das plötzliche und unvermutete, zügellos Gewaltsame der Tat. Ihr Entsetzen über die fulminante Attacke auf ihr Leben, das Überschreiten aller Grenzen.

Als letzte Zeugin des Tages, weil in der Reihenfolge das letzte Opfer des Angeklagten, betritt Angela A. den Saal 237. Energisch, unverzagt. Die 50jährige Krankenschwester macht ihre Aussage präzise, mit klarer Stimme.

Ja, der Angeklagte habe sie in der Schwalbenstraße angefallen, ein ordentliches Stück vom EDEKA entfernt. Ein Pulk von mit Stühlen bewaffneten Männern sei um die Ecke gekommen, auf den Angeklagten habe sie gar nicht geachtet, als sie plötzlich einen Schlag gegen ihre Brust spürte. Dass sie aus einem Messerstich blutete, habe sie erst später gemerkt.

Auch hier die Nachfrage des Vorsitzenden: Jetzt sei alles gut verheilt, nein, an psychischen Problemen leide sie nicht.

Angela A. verlässt Saal 237 so aufrecht wie sie eingetreten war. Sie lächelt den Wachtmeister an, der sie nach draußen geleitet. Sie kommt an dem Angeklagten vorbei, bleibt eine Sekunde lang stehen, sieht ihm direkt in die Augen. Ahmad A. Lippen zucken, seine Pupillen rutschen zur Seite.

Ihr Blick sagt: Nein.

Nein, ich habe keine Angst vor Dir. Ich sehe Dich, doch erkenne ich Dich nicht. Wer bist Du?

Unten EDEKA, oben TEDI, KIK und LIDL
gleich daneben – die belebte Fuhlsbüttler Straße
ist *die* Einkaufslage für den preisgünstigen
täglichen Einkauf in Barmbek
(Foto: Berten)

Am Tatort

Anfang Februar nutze ich die Pause zwischen zwei Verhandlungstagen, um mich vor Ort in Barmbek umzusehen, ein halbes Jahr nach der Tat, Spuren des Verbrechens zu finden. Barmbek-Nord und Barmbek-Süd gehören zu den am dichtesten bewohnten Stadtteilen Hamburgs. Barmbek ist nicht so kultig wie St. Georg, nicht so studentisch-urban wie Eimsbüttel, nicht so edel wie die Elbchaussee in Blankenese.

Auf sieben Quadratkilometern leben hier fast 80.000 Menschen, viele in Rot verklinkerten Wohnblöcken aus den 20er, 30er und 50er Jahren, auch in Flachdach-Betonblöcken aus der Zeit danach. Sozialer Wohnungsbau, Genossenschaftswohnungen. Hier, wo die Mieten noch gerade erschwinglich sind, sind viele der *kleinen Leute* Hamburgs zuhause. Industriearbeiter und Hilfskräfte, häufig mit Migrationshintergrund, Rentner, Arbeitssuchende, alleinstehende Mütter mit ihren Kindern.

Die Fuhlsbüttler Straße kommt vom Airport, zieht sich Richtung City durch den Norden Barmbeks. Dort, wo Ahmad A. vor sechs Monaten den EDEKA-Markt betrat, reiht sich ein Geschäft an das nächste. Textil- und Lebensmittel-Discounter, ein asiatischer Fastfood-Laden, deutsche Bäcker und mediterrane Cafés.

Eine Einkaufsstraße breit wie ein Boulevard, mit Fahrstreifen und Haltestellen in der Mitte, und einem Gehsteig an der EDEKA-Seite, der gut und gerne acht Meter breit ist, wie ein schmaler Platz, auf dem sich der Messerstecher weitere Opfer suchte.

Auch heute, an einem kalten Winternachmittag im Februar, ist das Trottoir mit Passanten gut gefüllt, von denen nicht wenige in den EDEKA abbiegen. Ich betrete den Laden. Die Neu-ankömmlige verteilen sich schnell auf die schmalen Gänge, alle drei Kassen links sind in Betrieb, doch meist legen die Kunden nur wenige Teile aufs Band;

nicht die Warenberge, wie ich das von *meinem* EDEKA in Winsen an der Luhe kenne.

Keine Reklamedurchsagen, kein leises Musik-Gedudel.

Irgendwie wirkt die Stimmung wie gedrückt, obwohl nichts an die Bluttaten erinnert – keine Kerzen, keine Gedenktafel, keine Blumen. Und doch hat sich etwas geändert. Ich betrete den Gang, der zur Wursttheke führt, besichtige die Auslage mit den Küchenutensilien, von der sich der Täter bediente! Die üblichen Schneebesen, Dosenöffner, Pfannenheber aus dem Standardsortiment. Keine Messer, noch nicht einmal ein *Hümmelchen* zum Apfel- oder Kartoffelschälen.

Gleich neben mir sortiert eine Verkäuferin Ware ein. Ich spreche sie leise an. „Kein Wunder, dass Sie hier kein einziges Messer mehr haben...". Die Frau versteht mich sofort, ist nicht im mindesten erstaunt, dass ich mich ausgerechnet *dafür* interessiere.

Das Thema steht mitten im Raum, die Luft ist *dick* davon. Sie antwortet ebenso gedämpft: „Am Anfang haben wir einfach die Messer ausgepackt, und nur die Kartons ausgelegt. Aber irgendwie war das auch nicht richtig, und jetzt gibt es hier halt überhaupt keine Messer mehr."

Die Verkäuferin war im Dienst gewesen, als das Verbrechen geschah, hatte den sterbenden Matthias P. auf dem Boden liegen sehen, den Rettungsdienst verständigt. Ob sie hinterher das viele Blut von den weißen Fliesen wischen musste, frage ich besser nicht. Die Frau hat von dem laufenden Prozess gehört; sie wirkt immer noch wie geschlagen.

Die Fleischtheke des EDEKA-Ladens – hier griff Ahmad A. den 56jährigen Ingo T. an, verletzte ihn lebensgefährlich
(Foto: Berten)

Die Hamburger Stadtreinigung hat sich in den vergangenen Monaten neu aufgestellt, dies war schon am blitzschnell verschwundenen Silvestermüll zu sehen gewesen. Nun ist von auch nichts mehr von der gelben Sprühfarbe zu erkennen, mit denen die Spurensicherung am 28. Juli 2017 die Blutflecke auf dem Trottoir vor dem EDEKA-Markt markierte. Dort, wo Ahmad A. aus purem Zufall auf drei weitere Opfer – Dirk M., Lukas H. und Klaus-Peter S. – stieß und sie mit dem Fleischmesser attackierte.

Vor dem beliebten Backshop ein paar Schritte weiter saßen ein paar Hamburger Bürger, die später als *Jungs* oder gar *Helden von Barmbek* vom Polizeipräsidenten ausgezeichnet wurden, entspannt auf ihren Caféhausstühlen, als Ahmad A. mit gezücktem Messer an ihnen vorbeilief. Die Jungs griffen sich ihre Stühle, liefen dem Täter hinterher, um ihn mit ihren „Waffen" einzukesseln, von weiteren Gewalttaten abzuhalten.

Ich folge ihrer Spur die Straße hinunter in Richtung Süden; hier an der Hochbahnbrücke ist das Handyvideo entstanden, das zeigt, wie sie den Täter beinahe stellten. Irgendwo hier muss Ahmad A. sein vorletztes Opfer – Eveline P. – entgegengekommen sein.

Zu meiner Linken jetzt das pakistanisches Restaurant – dort bog der Messerstecher in den Suhrweg ein. Eine ruhige Wohnstraße mit netten Wohnblocks aus Backstein, vor denen selbst heute im Februar, bei Minusgraden, Kinder miteinander auf dem Gehsteig spielen.

Wie muss das erst bei einem Sommernachmittag im Juli gewesen sein!

Gottseidank fand Ahmad A. hier jedoch keine Opfer, vielleicht erschöpft, vielleicht zu sehr beschäftigt mit seinen Verfolgern – jedenfalls bewegte sich der wahnwitzige Pulk bis in die Schwalbenstraße, bog dort erneut ab, nach rechts.

Hier traf der Angeklagte auf sein letztes Opfer, die unerschütterliche Krankenschwester Angela A., bevor es wieder rechts abging, dieses Mal die Hellbroockstraße hinunter. Wenige Meter vor einer Bushaltestelle finde ich ein offenes Loch im gepflasterten Parkstreifen. Von hier müssen sich die Verfolger an Pflastersteinen bedient haben, mit denen sie letztendlich Ahmad A. zu Fall brachten, bevor sie ihn mit einer Brechstange außer Gefecht setzten, ihm das Messer aus der Hand traten.

Dann war die Polizei da.

Mutige Tatzeugen stoppen Ahmad A. (rechts).
Links: Toufic Arab,
der den Täter vom EDEKA aus verfolgte.
(privates Handyvideo)

Mein persönlicher Held

Ahmad A. hat soeben den Gerichtssaal betreten. Aus den Gerichtskatakomben hervortretend wie aus freien Stücken, immerhin ohne Fesseln, jedoch routinemäßig umgeben von beträchtlichen, nicht unfreundlichen Herren in den schwarzen Uniformen der Justizwachtmeisterei, die einen oder zwei Meter Abstand wahren, nicht mehr. Tritt auf in seinem üblichen blauen Rollkragenpullover, gibt, nachdem er sich niedergelassen hat, Dolmetscher und Verteidiger wie immer stumm die Hand.

Dennoch ist heute etwas anders mit dem Angeklagten. Ein schmales Lächeln, soweit unter seiner Barttracht erkennbar, huscht über sein Gesicht, als er unmerklich, ohne den Kopf zu wenden, das Innere des Saales mit seinen dunklen Augen scannt.

Auch seine nicht mehr so versteinerte Haltung, die Art, wie er abwartend die Schultern nach hinten schiebt, sagt meine feinen Antennen: Dies hier ist ein Mann mit *Vorfreude*.

Es ist der 9. Februar 2018. Der Prozess beginnt wie immer Punkt Neun. Im Zuge der Fortsetzung der Beweisaufnahme hat der 3. Strafsenat des Hanseatischen Oberlandesgerichts an diesem Verhandlungstag weitere Tatzeugen geladen – darunter auch zwei, die zu den insgesamt acht *Helden vom Barmbek* gehören, die aus eigenem Antrieb Ahmad A. nach dessen ersten Bluttaten in und vor dem EDEKA-Laden daran hinderten, weitere *deutsche Christen* anzufallen und grausam vom Leben in den Tod zu befördern.

Zu den *Helden* insgesamt zählen die Hamburger Bürger Jamel Chraiet, Ömer Ünlü, Toufic Arab, Mohammed Wali, Saifallah Chourabi und

Mohamed Bousbia mit arabischem, türkischem oder afghanischem Migrationshintergrund, sowie der gebürtige Ghanese Maxwell Ekow, der Ahmad A. am Ende entwaffnete.

Mit dabei war auch Sönke Weber, Inhaber eines Friseursalons am Tatort, der dem Messerstecher bis ans Ende verfolgte, diesem mit seinen blonden Haaren als einziger *deutscher Christ* unter seinen couragierten Verfolgern besonders ins Auge fiel und dann von seinen muslimischen Mitstreitern beschützt wurde.

Dass sich so viele Hamburger muslimischen Glaubens an diesem Tag spontan ein Herz fassten und wahrscheinlich etlichen Menschen das Leben retteten, kann Zufall sein, weil sie vor Ort, vor allem in zwei Straßencafés, präsent waren. Ganz normale Menschen, die ihr Geld mit eigener Arbeit verdienen, die meisten Familienväter. Beschützertypen.

Vielleicht hat sie auch die Tatsache herausgefordert, dass sich der Messerstecher offensichtlich als islamistischer Terrorist präsentierte. Auch konnten sie sich bei ihrer Aktion auf Arabisch mit Ahmad A. verständigen; auch wenn dieser ihre Appelle – *Wirf das Messer weg, Du Idiot!* – ignorierte.

Einer von ihnen, Jamel Chraiet (48), der vor 22 Jahren nach Hamburg kam und bei der Hochbahn arbeitet, gab stellvertretend für alle zu Protokoll, worum es den Männern eben *auch* ging, nämlich zu zeigen, dass Muslime eben so *nicht* sind: „Das ist das nur traurig, weil unser Glaube hat mit solchen Psychopathen überhaupt nicht zu tun."

Mutige Tatzeugen stoppen
Ahmad A. (rechts) Links: Toufic Arab, der
den Täter vom EDEKA aus verfolgte
(privates Handyvideo)

Heute macht, in die gespannte Stille des Saales 237 hinein, der damals 20jährige Toufic Arab seine Aussage. Ein kleiner, tapferer Mann – kaum mehr als einen Meter sechzig groß, eigentlich noch ein Heranwachsender – der sich 2012 als minderjähriger, unbegleiteter Flüchtling vom kriegsgeschüttelten Afghanistan nach Deutschland durchschlug. Eine Höllentour für einen Jungen von nicht einmal 16 Jahren, voller Entbehrungen und Gefahren, die man allein auf sich gestellt nur übersteht, wenn man begreift, was um einen herum geschieht, und mit Mut und Respekt das Richtige tut.

Verhalten, jedoch nicht ängstlich, hat der Flüchtlingsjunge vom Hindukusch soeben den schwer geschützten Saal im Strafjustizgebäude betreten. Zum Tatzeitpunkt war er seit einem Jahr Auszubildender im EDEKA an der Fuhlsbüttler Straße. Als sie ihm da eine Chance gaben, war er hierzulande gerade mal befristet geduldet. Wenige Tage nach der Terrorattacke von Barmbek bekam er dann den Bescheid über seine unbefristete Aufenthaltsgenehmigung, mit der Chance, irgendwann einmal auch mal die deutsche Staatsbürgerschaft zu erhalten. Eine kluge Entscheidung der Behörden.

Auf jeden Fall lässt Toufic Arab auf den Weg zum Zeugenstand den Angeklagten links liegen, konzentriert seinen Blick auf den grauhaarigen Vorsitzenden auf dem Podest vor ihm. Er weiß, das ist der Chef vom Ganzen. In einer patriarchalischen Gesellschaft aufgewachsen, in der sich die Jungen wie selbstverständlich unter älteren Männern einordnen, kennt er das Spiel. Versteht, dass die imposante Kulisse des Saals ihn beeindrucken soll.

Verkneift sich ein Achselzucken.

Nun sitzt er ziemlich klein da vor all den – aus seiner Sicht – alten Männern in ihren schwarzen Roben, zwischen viel prächtigem Holz, beobachtet von einem halben Hundert Prozessbeteiligten und Zuhörern. Sein Deutsch ist nicht schlecht, doch hat ihm das Gericht eine Dolmetscherin zur Seite gestellt. Er soll sich frei ausdrücken können. Seine Muttersprache ist *Dari*, eine vokalreiche, klingende Version des Persischen, die auch in Teilen Afghanistans gesprochen wird.

Der Vorsitzende kann sich in Zeugen hineinversetzen, auf Ängste Rücksicht nehmen. Eine strenge Vernehmung wird das nicht. Nach der üblichen Feststellung der Person und der Belehrung des Zeugen – *nichts hinzufügen, nichts weglassen, nur die reine Wahrheit, bei falschen Aussagen drohen auch ohne Vereidigung harte Strafen* – soll er einfach erzählen, was er erlebt hat, an diesem denkwürdigen Nachmittag im vergangenen Juli. Toufic nickt. Das hat er auch ohne Dolmetscherin verstanden.

Wieder einmal zeigt Ahmad A., nur wenige Schritte entfernt von dem Zeugen, ein verhaltenes Lächeln. Dann beginnt er, an seinem Bart zu zupfen, immer aufs Neue greift er in dem reichlichen Bartwuchs unter dem Kinn, zieht und zuckelt an einzelnen Haarbüscheln.

Männer, die selbst einen tragen, wissen: Den Bart zu berühren, kann eine beruhigende, entspannende Wirkung haben, trägt dazu bei, die innere Mitte wiederzufinden. Wenn Nervosität und Anspannung überhandnehmen, kann der der Griff an den Bart sogar als *Übersprunghandlung* daherkommen – also als ein Verhalten, dass scheinbar nichts mit der aktuellen Situation zu tun hat, in der man am liebsten laut losschreien, um sich schlagen, wegrennen möchte.

Die harmloseste Variante dieser Angewohnheit ist das Streichen über die gepflegten Drei-Tage-Stoppeln, am liebsten gegen den Strich. Träger eines Vollbartes bevorzugen das gedankenverlorene Zupfen am unteren Ende der Haartracht, so wie solche mit einem üppigen Moustache das intensive Zwirbeln der längsten Haare. Der mit dem Zwirbeln und Zupfen oft einhergehende leichte Schmerz hat eine stimulierende Wirkung. Wenn es *ziept*, spüren wir uns.

Für Ahmad A. ein Akt der Selbstvergewisserung.

Der junge Zeuge berichtet, wie er an diesem Nachmittag an der Kasse gesessen und Kunden bedient habe, als er plötzlich von hinten im Laden Schreie und das Klirren von Gläsern hörte. Als er die Angstschreie gehört habe, habe er auch Angst bekommen, und wegrennen wollen – aber doch gleichzeitig nachsehen, was los war.

Als er aufstand, kam ein Mann mit einem Messer nach vorne, schrie „Allahu Akbar", stürmte an dem alarmierten Auszubildenden vorbei. „Die Hand war voller Blut." Dann sah Toufic, wie der Messermann direkt vor dem Laden weitere Menschen attackierte. „Er wollte alle Leute töten, ich wollte das nicht!"

Er musste irgendwas unternehmen, suchte nach einer Waffe, einen Stein. Fand einen Stuhl. Dann lief er aus dem Laden, rief im Freien laut um Hilfe, warnte alle Passanten vor dem gefährlichen Mann. Überholte den Täter, als sich dieser mit dem Messer in der Hand einer Haltestelle näherte, einem Stadtbus, aus dem gerade Leute ausstiegen, scheuchte diese zurück in das Innere, brachte den Fahrer dazu, die Bustür zu schließen.

Jetzt fixierte Ahmad A. den Jungen. Da waren aber die anderen schon da, die älteren, größeren Männer, boten ihm Schutz. Gemeinsam blieben sie dem Messerstecher auf den Fersen, der Junge tat sein Bestes, um die Passanten zu warnen. Gemeinsam verfolgten den Täter bis zu der Haltestelle in der Hellbroockstraße, wo sie ihn schließlich zu Fall brachten und festhielten, bis die Polizei kam.

Ob der Angeklagte Ihnen denn den Rücken zugekehrt habe, will der Vorsitzende wissen. „Nein", sagt Toufic Arab: „Er ist rückwärts gelaufen, die ganze Zeit. Sein Gesicht war zu mir. Ich habe ihm in die Augen gesehen."

Während der junge Zeuge spricht, die Dolmetscherin übersetzt, ist es mucksmäuschenstill geworden. Die imposante Kulisse von Saal 237 tritt zurück, die Persönlichkeiten der Beteiligten nehmen zunehmend den Raum ein.

Ahmad A. schaut nun nicht mehr an dem jungen Zeugen vorbei. Ununterbrochen zupft er mit der Rechten seinen Bart, ein schmales Lächeln bleibt auf seinen Lippen.

Draußen vor dem Saal stellt sich Toufic Arab den Fragen der Journalisten. Auch vor laufenden Kameras bleibt er bescheiden. Er will kein Held sein. Nur dazugehören. Jemand sein, der das Richtige tut, auch wenn das nicht immer leicht ist. Jedenfalls hat er ein paar Tage nach diesem Tag im Juli bei EDEKA gekündigt. Dort bekam er die blutigen Bilder nicht mehr aus dem Kopf.

Wenn am Nachmittag der Vorsitzende den Mordprozess bis zum nächsten Verhandlungstag unterbricht, strömen die Zuhörer als lockere Schar schnell nach draußen, fast stumm. Nach über sieben Stunden in dem düstern Bau sehnen sich alle nach einem offenen Himmel, auch ich. Die letzte Sicherheitsschleuse wird überwunden, das Eingangsportal zum Sievekingplatz schwingt auf. Wir sind frei!

Doch auf der Freitreppe vor dem Portal stockt der Zug. Die Raucher unter uns können sich endlich eine Zigarette anstecken. Aber auch andere Zuhörer des Verfahrens gegen Ahmad Alhaw bleiben unvermittelt stehen, als hielte sie der mächtige Bau hinter ihrem Rücken an einer Leine. Man zögert, über den Fußgängerüberweg auf den winterkahlen Sievekingplatz, oder zur nahen U-Bahn-Station zu gehen. Plötzlich, im letzten Schein einer niedrigen Wintersonne, beginnen Menschen miteinander zu reden, die sich vorher nur vom Ansehen kannten, lassen den gemeinsamen Tag vor Gericht Revue passieren.

Bescheiden beantwortet Toufic Arab die Fragen der Fernsehteams vor dem Gerichtssaal
(Foto: Berten)

Heute ist uns die Hochachtung vor der Zivilcourage der *Helden von Barmbek* gemeinsam.

„Bei so einer Aktion kann man jede Menge falsch machen", meldet sich ein sehniger älterer Herr zu Wort, der seit dem ersten Verhandlungstag *seinen* Platz im Zuhörerraum, direkt hinter den Plätzen für die Presse gefunden hat. Pensionierter Polizeiausbilder, wie sich herausstellt.

Und so kommen wir heute noch in den Genuss einer Lehrstunde. Für den Fall, dass einer von uns einmal in eine Situation gerät wie die am 28. Juli 2017, nachmittags kurz nach Drei vor dem EDEKA in der Fuhlsbüttler Straße. Wenn ein bewaffneter Täter vor unseren Augen einen oder viele Mitmenschen bedroht und die Polizei noch nicht da ist. Wir nicht einfach zusehen können. Wir mit Mut und Entschlossenheit einschreiten müssen, um die Unversehrtheit, das Leben des oder der Anderen zu schützen, zu retten.

Auf fünf Punkte käme es an. Der Experte hebt Finger um Finger seiner rechten Hand:

Erstens: *Information weitergeben*. Das ist das Wichtigste. Bevor man irgendetwas anderes unternimmt: Sicherstellen, dass die Polizei alarmiert ist, möglichweise den Kontakt halten. Andere in der Nähe vor dem Täter warnen.

Zweitens: *Vernünftig abwägen*. Manchmal hilft nur Flucht oder Deckung – zum Beispiel, wenn der Täter über eine Schusswaffe verfügt, oder es sonst keine realistische Chance gibt, ihn zu überwältigen.

Drittens: *Niemals mit leeren Händen*. Dem bewaffneten Aggressor mit einer Waffe in der Hand entgegentreten, und wenn es ein Holzknüppel oder eine Blumenvase ist! Die Caféhausstühle, nach denen die *Helden von Barmbek* griffen, waren eine vorzügliche Wahl: Sie halfen, Ahmad A. einzukesseln, sorgten für die notwendige Distanz zu dem tödlichen Messer.

Viertens: *Niemals allein!* Das Risiko für den einzelnen fällt umso geringer aus, umso mehr Leute sich an der Aktion beteiligen. Gleichzeitig steigen die Erfolgsaussichten, den Täter festzusetzen oder zumindest zu vertreiben. Sieht sich der Täter einer Übermacht gegenüber, kann sich sein Kampf- in einen Fluchtmodus umkehren. Aber auch, wenn er sich gegen die Retter wendet, bietet die Gruppe dem Einzelnen Schutz.

Fünftens: *Nicht zimperlich sein.* Den lebensgefährlichen Täter zu stoppen hat Priorität vor Mitleid. Das beste Ziel ist oft der Kopf, besonders die Nase des Täters. Ein gezielter Schlag oder Tritt in die Hoden setzt jeden Mann schnell außer Gefecht. Es handele sich auch dann um eine Notwehrsituation, wenn man nicht selbst, sondern ein Mitmensch bedroht wird. Wer da einen Täter stoppt, hat vom Richter nichts zu befürchten.

Wie es scheint, haben die *Helden von Barmbek* alles richtig gemacht.

Ahmad Alhaw liegt verletzt und gefesselt auf dem Gehsteig. Die Polizei hat die Lage übernommen
(privates Handyvideo)

Mann mit zwei Gesichtern

Wie konnte es zu so einem furchtbaren Verbrechen kommen? Wie ist es um die Persönlichkeit des Täters bestellt? Handelt es sich bei dem Messerstecher von Barmbek um einen willigen Agenten des islamistischen Terrors? Oder ist Ahmad A., berauscht und *wie berauscht*, einfach *Amok gelaufen*, mit nur vorgeschoben politischen Motiven? Ist er ein von Wahnvorstellungen getriebener, gemeingefährlicher Psychotiker? Das *Warum und Wieso* dieser Bluttat zu klären, ist die eigentliche Aufgabe dieses aufwändigen Strafverfahrens – und dies nicht nur, um festzustellen, ob der Angeklagte seine Strafe in einer Haftanstalt oder hinter den Mauern einer forensischen Klinik absitzen muss.

Für den Fall, dass es sich bei dem Blutbad in dem EDEKA-Markt nicht um die Tat eines Geisterkranken, sondern eines Menschen, der wusste was er tat, handelte, läge nicht nur schwere Schuld auf den Schultern des Angeklagten – auch kritische Fragen an die Verantwortlichen in dessen Umfeld wären zu stellen.

Die Bundesanwaltschaft hat für das Verfahren den renommierten forensischen Psychiater Prof. Dr. Norbert Leygraf als Gutachter bestellt. Leygraf ist Direktor des Instituts für forensische Psychiatrie in Essen, gilt als Experte für islamistisch-terroristische Gewalttäter. Er hat Ahmad A. wenige Tage nach der Tat, am 14. und 15. August 2017, sowie noch einmal am 4. Oktober 2017 für mehrere Stunden in der Untersuchungshaft besucht und „exploriert", unterstützt jeweils von einem Dolmetscher.

Zu einem späteren Zeitpunkt, am Ende der Beweisaufnahme, wird ihn der Vorsitzende in den Zeugenstand rufen. Auf sein Gutachten, in öffentlicher Sitzung vorgetragen, wird einiges ankommen.

Bis dahin gibt ihm das Oberlandesgericht die Gelegenheit, als Sachverständiger den Angeklagten vor Gericht zu erleben und seine Beobachtungen hier mit den „Explorationen" in der Haft abzustimmen. Leygraf sitzt während der Hauptverhandlung an seinem eigenen Tisch in Saal 237, nur wenige Meter von Ahmad A. entfernt – ein freundlicher Herr in den Sechzigern, der aufmerksam zuhört, sich nicht ansehen lässt, was er denkt, gelegentlich Notizen in seinen Laptop eingibt.

Schon am ersten Verhandlungstag hat sich das Gericht mit Ahmad A.'s Biografie beschäftigt. Das ist üblich, man will, wenn auch gerafft, sehen und dokumentieren, welcher Lebensweg den Angeklagten hierher führte. Sein familiärer Hintergrund, hier auch die Volkszugehörigkeit, die Höhen und Tiefen bis zu dem fatalen Tag im Juli vergangenen Jahres, können einigen Aufschluss geben über seine Persönlichkeit, womöglich über den Grad seiner Schuld und die Chancen auf Resozialisierung, sollte er jemals wieder in Freiheit kommen.

Bevor er für die folgenden vier Tage der Beweisaufnahme in ein nachdenkliches, demonstratives Schweigen verfiel, machte Ahmad A. bei Prozessauftakt, bei der richterlichen Vernehmung zur Person noch einige Angaben, die – ergänzt um Informationen aus anderen Quellen – zusammengenommen folgende Lebensstationen ergeben:

Ahmad Alhaw hat sechs Geschwister, drei Schwestern, drei Brüder. Er wurde am 30. Januar 1991 als staatenloser Palästinenser im saudiaarabischen al-Baha geboren. Sein Vater hatte dort Arbeit gefunden. Einer von etwa neun Millionen Menschen palästinensischer Volkszugehörigkeit in der arabischen Welt, staatenlos, Muslime schiitischer Glaubensrichtung, oft nur geduldet. Von diesen neun Millionen drängen sich fast vier Millionen in den autonomen Gebieten Westjordanland und Gazastreifen, wo Ahmads Familie nach der saudi-arabischen Episode in einer Flüchtlingssiedlung im Norden des Gazastreifens unterkam, bis sie schließlich eine Wohnung in Gaza-Stadt finden konnte.

Als Neunjähriger zog er mit seiner Familie nach Gaza. In den von der radikalislamistischen Palästinenserorganisation Hamas regierten und vom israelischen und ägyptischen Grenzland abgeschotteten

Küstenstreifen am Mittelmeer, die Heimat seiner Mutter. Dort musste er ein guter und zielstrebiger Schüler gewesen sein. Jedenfalls bestand der junge Ahmad schon 2008, also mit 17 Jahren, das Abitur und schaffte es bis nach Kairo, um dort Zahnmedizin zu studieren.

„Warum haben Sie das Studium nach einem Jahr abgebrochen?", will der Vorsitzende wissen. „Zu teuer, die Studiengebühren waren zu hoch für meine Eltern." Ahmad kehrte 2009 in den Gazastreifen zurück, um es kurze Zeit später mit der Hilfe eines Schleppers von der Türkei über Griechenland nach Norwegen zu schaffen. Sein *Plan B*. Dort lebte ein Onkel, ein pensionierter Flugkapitän, dort wollte er sein Studium fortsetzen, um Zahnarzt zu werden.

Er war illegal in die EU gelangt, wie sollte er an eine Aufenthaltsgenehmigung kommen und einen Platz an der Universität erhalten? Er war kein Kriegsflüchtling wie die vielen Syrer und Afghanen, die er in den Flüchtlingsheimen Europas traf. Für einen Asylantrag musste er einen persönlichen Asylgrund nachweisen.

Ahmad Alhaw spann eine Legende, nach der er ein Teil der „Fatah" gewesen sei, die das Westjordanland beherrsche. Die konkurrierende Hamas-Bewegung in Gaza habe ihn und seine Familie deshalb gewarnt und bedroht, aus diesem Grund habe er fliehen müssen. Belege für eine solche politische Verfolgung konnte er offensichtlich nicht beibringen.

Sein Asylantrag scheiterte schon in Norwegen, darauf schlug er sich nach Schweden durch und versuchte es dort ein weiteres Mal. Vergeblich. Die schwedischen Behörden schickten ihn zurück nach Norwegen. 2013 sah Ahmad im skandinavischen Raum keine Perspektive für sich mehr, er schaffte es bis Spanien. Dort stellte er erneut einen Asylantrag – wieder vergeblich. Die spanischen Behörden nahmen ihm seine Papiere ab und schickten ihn 2014 zurück nach Norwegen. Dort stellte er einen weiteren Asylantrag, der erneut scheiterte.

So vergingen die Jahre. Man brachte ihn sparsam unter, fütterte ihn durch, schickte ihn bis zum letzten Tag immer wieder in Sprach- und

Integrationskurse, die er willig, oft als einer der besten absolvierte. Man gab ihm keine Perspektive, man schob ihn auch nicht ab.

Als er im März 2015 sein Glück in Deutschland versuchte, hatte er immerhin noch seine Geburtsurkunde. Zunächst wurde er in Dortmund untergebracht, bis man ihn im Zuge der innerdeutschen Flüchtlingsverteilung nach Hamburg verschob, und ihn in der neuerrichteten Containerunterkunft am U-Bahnhof Kiwittsmoor, ganz im Norden der Hansestadt unterbrachte. In Hamburg stellte er dann einen weiteren Asylantrag, dessen Bearbeitung natürlich auch ihre Zeit brauchte – bis zu der wenig überraschenden Ablehnung im Dezember 2016.

Ja, er sei in dieser Zeit auch *seiner Lust hinterhergejagt*, hatte Ahmad A. bei der richterlichen Vernehmung zu Protokoll gegeben. Er bestritt nicht, dass es da Mädchen gegeben hat, gibt zu, dass er Alkohol und Drogen (Marihuana) konsumiert habe. Er habe auch Freunde gehabt – wenn auch am Ende des Weges immer weniger, wie sich herausstellen sollte. Sei ins Fitnessstudio gegangen. Und wie habe es mit der Religion gestanden?, hatte der Vorsitzende wissen gewollt. Mal so, mal so, hatte der Angeklagte einsilbig erkennen lassen. Sein Vater, seine Familie seien nicht allzu religiös.

Das Leben im Gazastreifen – wie wird es sein? Zuhause schlage ich bei *Wikipedia* nach: Bei einer Bevölkerungszahl von rund 1,8 Millionen leben dort rund 5.000 Menschen pro Quadratkilometer auf engstem Raum, mehr als doppelt so viel wie in Hamburg oder jeder anderen deutsche Großstadtgemeinde. Rund siebzig Prozent der Bevölkerung gelten als Flüchtlinge, deren Familien vor dem Palästinakrieg (1947-1949) in Jaffa und Umgebung wohnten. Fast eine halbe Million lebt nach wie vor in den acht von der UNO verwalteten Flüchtlingslagern, das Lager Al Chati bei Gaza-Stadt gilt mit 80.000 Menschen auf 0,7 Quadratkilometern als der am dichtesten besiedelte Raum der Welt – so wie die Geburtenrate und das Bevölkerungswachstum zu den weltweit höchsten gehören.

Nach Berechnungen der Welternährungsorganisation FAO lebten im Jahr 2006 81 Prozent der Einwohner des Gazastreifens unterhalb der

Armutsgrenze, siebzig Prozent sind nicht in der Lage, ihren täglichen Bedarf an Lebensmitteln ohne zusätzliche Hilfe zu decken. Wasser und Strom gibt es nur stundenweise. Die Arbeitslosigkeit beträgt 32 Prozent. Kein Wunder, dass ein junger Mann da heraus will.

Im Nuseirat-Flüchtlingslager in der Mitte des Gazastreifens – allein hier leben 78.000 staatenlose Palästinenser

(Foto: UNRWA)

Nun zurück zu dem Strafprozess gegen den Messerstecher von Barmbek! Wieder befinde ich mich in Saal 237 des Strafjustizgebäudes am Sievekingplatz. Heute ist Montag, der 29. Januar 2018. Am vergangenen Freitag stand die Hauptverhandlung ganz im Zeichen der Opfer, für den dritten Verhandlungstag hat der 3. Strafsenat des Oberlandesgerichts eine Kette von Zeugen aus dem Umfeld des Angeklagten geladen, um mehr über dessen Persönlichkeit und Entwicklung in den vergangenen zwei Jahren und damit über das *Wieso* und die Umstände der Tat zu erfahren. Mit dabei sind auch die Vertreter der Hamburger Behörden und Institutionen, mit denen es Ahmad A. zu tun hatte.

Das große Problem, so sagen zwei ehemalige Mitbewohner als *Umfeldzeugen* aus, sei die Wechselhaftigkeit des Angeklagten gewesen. Eigentlich sei dieser nett und hilfsbereit gewesen, im Flüchtlingsheim habe man zusammen gekocht und gegessen, Tischtennis und Fußball gespielt, sei auch mal gemeinsam in einer Disko gewesen.

Wenn Ahmad A. aber seine religiösen Phasen gehabt hatte, sei mit ihm nicht gut Kirschen essen gewesen. Dann habe er mit seinem lauten Beten die Leute gestört, wollte über Politik und Religion diskutieren. Einmal habe er gesagt, wenn sie ihn hier in Deutschland nicht wollten, würde er über die Türkei nach Syrien gehen und sich dort dem IS anschließen. An anderen Tagen sei er am Boden zerstört gewesen, weil sein Asylantrag abgelehnt worden sei, er keine Arbeitserlaubnis bekam; seine „Medizin" sei dann Marihuana gewesen.

Als nächste vernimmt der Vorsitzende eine Sozialarbeiterin aus der Leitung der Unterkunft Kiwittsmoor als Zeugin. Die 35jährige berichtet, dass sich die Situation von oder mit Ahmad A. gegen Ende 2016 (also ein paar Monate vor der Messerattacke) deutlich zugespitzt habe. Schon äußerlich: Erst sei sein Outfit sehr westlich gewesen, dann hat er sich einen Bart stehen lassen und trug ein langes weißes Gewand.

Man habe den Eindruck gehabt, dass sich der Angeklagte in einer Krise befunden habe, also habe man ihn zur Beratungsstelle geschickt.

Dann habe er sich auch wieder westlich gekleidet, den Bart abrasiert. Man sei Ansprechpartner, wenn es um Arzttermine, Wohnen oder Behördenschreiben gehe, macht die Sozialarbeiterin dem Gericht klar und fügt hinzu: „Der Kontakt mit unseren Bewohnern ist nicht geprägt vom Austausch von Befindlichkeiten."

Geräuschvoll fällt der Kollegin neben mir die Handtasche vom Tisch. Ahmad A. betrachtet die Sozialarbeiterin von der Seite, verzieht seine Lippen bei ihrem letzten Satz zu einem leichten Lächeln – sofern das hinter dem Bart erkennbar ist. Der Angeklagte trägt Kopfhörer für die souveräne Simultanübersetzung des Dolmetschers, ist jedoch selbst auch ein Sprachtalent: Es mag sein, dass er genug Deutsch versteht, um die Zeugenaussagen auch im Original zu verfolgen.

Sein Lächeln wird breiter, seine Haltung entspannter, als die nächste Zeugin den Saal betritt. Es handelt sich um seine Lehrerin aus der Sprachenschule.

Sie habe den Angeklagten durchweg freundlich, höflich und anständig erlebt, berichtet die 25jährige: geradezu weltoffen, an europäischer Kultur interessiert. Die Zeugin hatte den B1-Kurs geleitet, an dem Ahmad A. in den vier Wochen vor dem Attentat teilnahm. „Mit seinen Deutsch- und Englischkenntnissen war er der Beste. Hochmotiviert, hätte gerne viel mehr gemacht als man ihn ließ."

Überhaupt sei es sehr ungewöhnlich gewesen, dass jemand, der abgeschoben werden sollte, einen solchen Fortgeschrittenenkurs vom Jobcenter genehmigt bekommen hatte, räsoniert die Lehrerin jetzt vor Gericht. Dieser sei eigentlich nur für Menschen mit Bleiberecht bestimmt. Aber Ahmad A. habe ja auch noch das C1-Zertifikat erreichen wollen, Voraussetzung für das Studium an einer deutschen Universität...

Ob ihr denn in den Tagen vor der Tat bei Ahmad A. etwas Ungewöhnliches aufgefallen war, will der Vorsitzende von der Lehrerin wissen. Nein, eigentlich nicht, sagt diese aus. Nur an seinem – wie sich herausstellen sollte – letzten Unterrichtstag überhaupt, am 28. Juli,, da sei er früher gegangen, habe sich wegen *Kopfschmerzen* entschuldigt.

Tatsächlich hatte der Angeklagte am Tag der Tat aber nicht aus Gesundheitsgründen die Sprachschule vorzeitig verlassen. Vielmehr wurde er gegen Mittag bei der Ausländerbehörde vorstellig. Dies berichtete eine weitere Zeugin, die dort für ihn zuständige Verwaltungsfachangestellte – und mit deren Vernehmung erkennbar wird, was der äußere Anlass für Ahmad A.'s *terroristischen* Amoklauf wenige Stunden später war.

Der Angeklagte besuchte die 30jährige in deren Dienstzimmer, um sich nach dem Stand seiner Rückkehrverfahrens in den Gaza-Streifen zu erkundigen. Denn tatsächlich hatte Ahmad A. im Februar, also fünf Monate zuvor, nach der erneuten Ablehnung seines Asylantrages auf Widerspruch verzichtet – war also ausreisepflichtig und anscheinend tatsächlich bereit, in die alte Heimat zurückzukehren. Jedenfalls hatte er damals einen Rückführungsantrag gestellt, und die Ausländerbehörde war hilfreich.

Jedenfalls war die Übernahme der Reisekosten kein Problem, jedoch mangelte es dem Angeklagten an den notwendigen Reisedokumenten. So schickte ihn die Ausländerbehörde nach Berlin zu der dort ansässigen palästinensischen Vertretung. Dort versprach man ihm, die Papiere für die Rückreise in zwei, maximal drei Monaten zu organisieren und den Hamburger Behörden zuzusenden.

Als Ahmad A. nun am 28. Juli, drei Stunde vor seiner blutigen Tat im Amt vorstellig wurde, musste die Zeugin ihm eine enttäuschende Mittelung machen: *Fast ein halbes* Jahr nach der Antragstellung waren die die beantragten Reisepapiere aus Gaza immer noch nicht da!

Zu diesem Sachverhalt kam der ausländerrechtliche Umstand, dass seine *vorläufige Duldung* in der folgenden Woche ablaufen würde. Eine Verlängerung über den 4. August hinaus habe im Raum gestanden, sei aber nicht erfolgt. Vielmehr solle Ahmad A. dann noch ein weiteres Mal vorstellig werden, vielleicht seien die Reisedokumente aus Palästina dann endlich eingetroffen. So hatte der Angeklagte noch mehr Druck, und verabschiedete sich „leicht verärgert", wo er doch sonst immer nett und höflich gewesen sei.

Der nächste Zeuge ist Leon H., ein 23jähriger Student, der sich 2015 und 2016 in einem Flüchtlingscafé an der Uni engagiert hatte. Am Anfang sei Ahmad A. regelmäßig dort zu Gast gewesen, erzählt der Zeuge. Es seien friedliche, aufgeschlossene Begegnungen unter den jungen Leuten gewesen, der Angeklagte habe von den Stationen seiner Odyssee durch Europa erzählt.

Dann sei er immer seltener, eigentlich gar nicht mehr gekommen, bis er im November 2016 plötzlich wieder in dem Flüchtlingscafé auftauchte. Das muss zum Zeitpunkt einer seiner extremreligiösen Phasen gewesen sein, wird mir klar. Als er, wie der psychiatrische Sachverständige Dr. Leygraf in wenigen Tagen an dieser Stelle ausführen wird, bereits *über den Märtyrertod nachgedacht und die Pflicht gespürt habe, nach außen aktiv zu werden und die hiesige Gesellschaft in Angst zu versetzen.*

Jedenfalls betrat Ahmad A. an diesem 17. November 2016 das Café in einem langen weißen Gewand, einen weißen Schal um den Kopf geschlagen „wie ein Prediger". Er habe sich in die Mitte des Raumes gestellt, alle anderen Gespräche unterbrochen und – in einem Mix aus Deutsch und Englisch – eine flammende islamistische Rede an die anwesenden Flüchtlinge, nebenbei auch an deren deutsche Helfer gehalten. Eigentlich aus einem kleinen Notizbuch *vorgelesen*, korrigiert sich der Zeuge. „So kannten wir ihn gar nicht. Sein ganzes Auftreten wirkte bedrohlich, und als er fertig war und wir ihn ansprechen wollten, stürmte er gleich wieder hinaus."

Daraufhin hätten sich Helfer zusammengesetzt und den Vorfall besprochen. Man sei übereingekommen, das LKA und „Legato" über die bedrohliche Islamisierung des Angeklagten zu informieren. „Legato" ist eine vom Hamburger Senat finanzierte Beratungsstelle für Menschen mit einer gewaltorientierten extremistischen Religionsauslegung, sowie deren Angehörige, und bietet konkrete Hilfe bei dem Ausstieg aus dem Milieu.

Der Vorsitzende hält das Foto eines Notizbuchs hoch, das die Polizei in Ahmad A.'s Unterkunft gefunden hat und das dem Gericht als

Beweismittel vorliegt. Leon H. bestätigt: Das sei es gewesen. Bevor er den Zeugen entlässt, liest der Vorsitzende liest aus einer Abschrift vor, was der Angeklagte damals im Café zum Besten gegeben hatte:

Wie könnt Ihr fröhlich sein, wenn die Menschen bei uns sterben!

Der Krieg wird auch hierher kommen!

Meine letzte Botschaft an die Regierung von Deutschland ist: Die Flammen werden Euch früher oder später erreichen!

Im Verlauf der Hauptverhandlung stellt sich heraus, dass die Sicherheitskräfte schon von der Leitung der Flüchtlingsunterkunft einen Hinweis auf die gefährliche Radikalisierung des Palästinensers erhalten hatten. Es soll sogar einen, wenn auch gescheiterten, Versuch des Landeskriminalamtes gegeben haben, Ahmad A. als Informanten für die islamistische Szene zu gewinnen. Als nun der Hinweis aus dem Flüchtlingscafé kam, musste Ahmad A. bei „Legato" erscheinen.

Der Mitarbeiter, der den Angeklagten damals dort betreute, wird in der kommenden Woche als Zeuge darüber sprechen, dass Ahmad A. auf ihn einen *überforderten* und *paranoiden* Eindruck gemacht hätte.

Er sei auch immer mehr abgemagert. Jedoch sei man nicht zu der Überzeugung gekommen, dass in Ahmad A. ein gefährlicher Terrorist stecke, vielmehr hätten seine psychischen Probleme überwogen: „Er war so allein auf der Welt, mit sich selbst." So verliefen die offiziellen Ermittlungen im Sande.

Der letzte *Umfeld-Zeuge* des heutigen Tages ist ein junger Mann namens Ahmed N., ein anerkannter syrischer Flüchtling, der in Hamburg einen Job als Pflegehelfer in einer Behinderteneinrichtung gefunden hat. Eben schon war mir, draußen vor dem Saal, dessen bedrücktes Gesicht, der große Kummer in seiner Haltung aufgefallen.

Da saß er noch auf der Wartebank für Zeugen; neben ihm in Mädchen im passenden Alter, offensichtlich deutscher Herkunft und mindestens eine gute Freundin. Er ließ sich von ihr trösten.

Wenig später betritt der 24jährige den Saal, hineingelotst von einem Justizwachtmeister, der ihn auf das Tischchen mit Stuhl und Mikrofon vor dem Richterpodium hinweist. Ich stelle mir seine Hochspannung vor, und beobachte, wie Ahmed N. dreierlei gleichzeitig gelingt:

Blitzschnell den imposanten Saal zu überblicken, die vielen merkwürdigen Menschen darin irgendwie einzuordnen, dabei zwischen all' den Tischen den Weg zum Zeugenstand zügig und unfallfrei zurückzulegen *und* gleichzeitig einen langen Blick auf den Angeklagten zu werfen, der mit einer winzigen Bewegung und dem Hauch eines Lächelns den Auftritt seines Freundes verfolgt.

Denn in welcher Beziehung die Ahmad A. und Ahmed N. zueinander stehen, daran lässt der Zeuge keinen Zweifel. „Wir waren Freunde und wir *sind* Freunde", stellt der Syrer gleich am Anfang seiner Vernehmung durch den Vorsitzenden fest – eine treue, eine mutige Ansage, wenn es sich bei dem anderen um einen grausamen Mörder und Terroristen handelt. Damit es da kein Missverständnis gibt. Auch wenn das, was er als Zeuge zu berichten hat, den *Freund* und Angeklagten nicht schont.

Kennengelernt und angefreundet hatten sich die beiden in der Flüchtlingsunterkunft Kiwittsmoor, den Kontakt gehalten, als Ahmad N. nach einem halben Jahr anerkannt wurde und eine bessere Bleibe fand. Man habe sich immer noch so zwei Mal im Monat getroffen, zusammen gegessen, lange Spaziergänge gemacht und sich ausführlich über Sport unterhalten.

(Bestimmt auch über Frauen, und wo man Spaß haben kann, vermute ich – was immer zwei junge Männer tun, die kein Geld zum Ausgeben haben.)

Dann kam Ahmad A. in seine extrem religiösen Phasen und schottete sich ab, womit Ahmed N. („Ich habe ein normales Verhältnis zu der Religion.") wenig anfangen konnte. Dann traf er den Angeklagten beim Kiffen an, und wusste, dass sein Freund jetzt wieder normal war.

Ein Mann mit zwei Gesichtern, einem fröhlichen und einem traurigen, erzählt der Zeuge. Er habe gelernt, sich von dem Traurigen fernzuhalten – und gibt bei dieser Gelegenheit noch eine arabische Lebensweisheit zu Protokoll: „Der Esel fällt nicht zwei Mal in dasselbe Loch."

Der *Mann mit den zwei Gesichtern* sitzt auf seiner Bank, zwirbelt sich den Bart und lächelt ein echtes Lächeln.

Ob noch jemand eine Frage an den Zeugen habe, fragt der Vorsitzende, wirft einen Blick über die Runde der Prozessbeteiligten.

„Ich sehe, das ist nicht der Fall. Dann bleibt der Zeuge auf Anordnung des Vorsitzenden unvereidigt und ist hiermit entlassen. Ich bedanke mich, die Verhandlung ist für heute geschlossen."

Ahmed N. bleibt sitzen.

„Ja, bitte, ist noch etwas?"

Der Syrer wirft einen kurzen Blick zu Ahmad A, erhebt sich respektvoll, sieht dem Richter ins Gesicht:

„Ich wollte fragen… ob es erlaubt ist… ob ich meinem Freund hier die Hand geben darf."

Die beiden stämmigen Justizwachtmeister hinter dem Angeklagten schauen zum Vorsitzenden.

Der Richter am Oberlandesgericht zögert nur einen winzigen Augenblick, bevor er deutlich nickt und schlicht „Ja" sagt – um sich dann kurzerhand von allen Prozessbeteiligten abzuwenden und den Saal ohne einen Blick zurück mit seinen beiden Kollegen zu verlassen.

So diskret kann ich als Berichterstatter nicht sein. Beobachte, wie Ahmed N. schnell die wenigen Meter bis zur Anklagebank überwindet, dem Messerstecher von Barmbek die Hand gibt, um ihn dann – unerlaubt, aber ohne, dass jemand einschreitet – vor aller Augen zu umarmen. Zwei Mal, mit viel herzhaftem Rückengeklopfe, wie das junge Männer, beste Freunde gerne tun; bevor er sich losreißt und mit Tränen in den Augen aus dem Saal stürzt.

Auf dem Weg hinaus sehe ich ihn wieder auf der Bank vor dem Saal, schluchzend in den Armen der Freundin. Die Wachtmeister, die den Saal lüften, überall klar Schiff machen, halten respektvollen Abstand.

Dann habe ich die letzte Sicherheitsschleuse überwunden, trete durch das Portal des Strafjustizgebäudes ins Freie. Vor dem Eingang steht wieder das Trüppchen aus dem Zuhörerraum. Man kennt sich, man sieht sich. Ich komme mit einem mittelalten Paar, das neben mir frische Luft schnappt, ins Gespräch. Er ist ein eher unauffälliger Typ, sie trägt eine hellblonde Haarwolke spazieren. Ich gestehe, dass ich von dem letzten Zeugenauftritt, der Abschiedsumarmung der beiden Freunde, gerührt bin.

Plötzlich schlägt mir der blanke Hass der Frau entgegen. Nein – er gilt *Ahmad A.*, nicht mir.

Kommen Sie mir nicht mit dem Scheiß! Das Schwein hat keine Umarmung verdient, nie mehr, in seinem ganzen Leben!

Flüchtlingsheim Kiwittsmoor in Hamburg-Langenhorn, eine halbe Stunde von Barmbek entfernt. Hier verbrachte Ahmad A. zwei Jahre – mal im Einklang, mal in Stress mit den anderen Bewohnern
(Foto: Berten)

Exploration des Angeklagten

14. Februar 2018, der fünfte Tag der Hauptverhandlung. Nach den Opfern, den *Helden*, den Zeugen aus dem Umfeld und dem Leben des Angeklagten kommen heute die ärztlichen Gutachter zu Wort, drei Rechtsmediziner aus Hamburg und der Psychiater Prof. Leygraf aus Essen, der seine mit Spannung erwartete Einschätzung hinsichtlich der Schuldfähigkeit des Angeklagten abgeben soll.

Kurz und knapp geht es mit dem toxikologischen Gutachten. Hat Ahmad A. vor der Tat Drogen konsumiert? Drei Haarproben wurden ihm entnommen und auf berauschende Substanzen untersucht. Der Experte zählt das ernüchternde Ergebnis auf. Amphetamine: negativ, Kokain: negativ, Diazepam: negativ, Kodein: negativ, Morphin: negativ. Nur bei dem Cannabis-Wirkstoff Tetrahydrocannabinol (THC) gab es einen Treffer, konnten Gebrauchsspuren für die letzten sechs Monate nachgewiesen werden. Dass der Täter gelegentlich Marihuana rauchte, ist nun nicht wirklich neu. Überdies gibt der Zeuge zu Protokoll: „Kein Hinweis auf einen *massiven* Abusus."

Dann kommen die Ärzte zu Wort, die die Leichen des Toten im EDEKA-Markt obduziert, die Verletzungen der weiteren sechs Opfer in den Krankenhäusern untersucht haben. Ausführlich ist von Stichkanälen und verletzten Organen die Rede. Den enormen Blutverlusten. Notoperationen. Dem traumatisierten Zustand der schwerverletzten Patienten.

Ich schaue mich um, kann am Ausdruck der Verfahrensbeteiligten und Zuhörern erkennen: Die schrecklichen Schmerzen, die seelischen Traumata denkt sich jeder dazu und schüttelt sich innerlich bei dem Gedanken…

Jeder? Nein. Der Angeklagte sitzt scheinbar ungerührt auf dem Holzstuhl, der als Anklagebank dient. Der Angeklagte hat die Kopfhörer übergezogen, lauscht regungslos dem kunstvoll-flüssigen Arabisch, in das Dolmetscher Adnane Haloui mit Leichtigkeit auch die kompliziertesten medizinischen Sachverhalte übersetzt.

Ahmad A. ununterbrochen seinen Bart.

Ich frage mich, wieviel Kraft es den *Messerstecher von Barmbek* wohl kostet, wieviel *Disziplin* er aufbringen muss, um diesen äußerlichen Gleichmut zu zeigen. Da bin ich mir (noch) sicher: Ein *innerer* Gleichmut ist dies nicht.

Es kommt noch krasser. Auf Einladung des Vorsitzenden versammeln sich die Verfahrensbeteiligten um das Richterpodium. Praktisch unter Ausschluss der Öffentlichkeit zeigt der Vorsitzende bestes Beweismaterial auf dem Laptop-Bildschirm seines Kollegen zur Linken – Bilder der Überwachungskameras aus dem Inneren des EDEKA-Marktes und eines Hamburger Stadtbusses.

Vertreter der Bundesanwaltschaft, der Verteidiger und die Nebenkläger-Vertreter bilden einen dichten stummen Ring um den Arbeitsplatz des beisitzenden Richters, verfolgen die Bilder der blutigen Attacke aus nächster Nähe. Gutachter Dr. Leygraf tritt hinzu, auch der einzige Nebenkläger im Raum, Ahmad A.'s zweites Opfer im EDEKA, macht sich auf den Weg zum Richterpodium.

Es ist Ihr Recht, aber wollen Sie sich das wirklich zumuten?

Ja, das will ich, Herr Vorsitzender.

So sieht denn Ingo T. noch einmal von außen, in farbigen, bewegten Bildern, wie er selbst von Ahmad A. angefallen wird, nachdem dieser in vier schnellen, rabiaten Stichen wenige Meter weiter den 50jährigen Matthias P. abgeschlachtet hatte. Was geht in einem Menschen vor, der auf diese Weise noch einmal erlebt, was ihm angetan wurde – von einem Mann der nur wenige Schritte weiter sitzt, in die Ferne starrt, sich den Bart zupft?

Unter dem Strich hat das blutige Geschehen in dem EDEKA-Markt um 15.10 Uhr nicht länger als 46 Sekunden gedauert. Das geht aus einem Polizeiprotokoll zu den Videoaufnahmen hervor, das der Vorsitzende nun vorliest.

Weniger als zwanzig Sekunden brauchte Ahmad A. zu Beginn der Tat, um das Messer aus dem Regal zu holen und es auszupacken. In der restlichen Zeit hackte er nacheinander auf seine beiden ersten Opfer ein – bei Ingo T. in *Eispickelhaltung*, wie das Protokoll zum Besten gibt, also mit ausgestrecktem Arm von oben nach unten, wie ein Bergsteiger auf dem Bauch liegend den *Pickel* in Eis und Schnee rammt, um auf einem rutschigen Hang nicht den Halt zu verlieren. Am Ende der 46 Sekunden stürzte der Angeklagte an den Kassen und dem mutigen Lehrling Toufic vorbei, schreiende Kunden in Panik vor sich hertreibend, auf den Gehsteig vor dem Supermarkt, wo drei weitere Männer, später noch zwei Frauen, seinen Messerattacken zum Opfer fielen.

Dabei sind nicht die brutalen Details der Tat überraschend, die der Strafsenat so oder ganz ähnlich bereits aus den Aussagen von Opfern und Tatzeugen kennt. Neu und von besonderer Bedeutung ist das, von den Überwachungskameras in dem Supermarkt und in einem Stadtbus der Hamburger Hochbahn ebenfalls festgehaltene, Geschehen *vor* der eigentlichen Tat.

Denn tatsächlich hatte der Angeklagte den EDEKA-Laden an diesem Nachmittag schon früher einmal betreten, um 14.50 Uhr zeigen die Aufzeichnungen einen unruhigen Ahmad A., der insgesamt acht Mal wie zufällig an dem Regal mit den Haushaltsartikeln (und dem noch verpackten Fleischmesser) vorbeistreicht, bevor er den Laden nach sechs Minuten verlässt.

Kurz darauf besteigt er einen wartenden Stadtbus auf der anderen Seite der Fuhlsbüttler Straße, bleibt aber unschlüssig an der Tür stehen, bis er das Verkehrsmittel vor dessen Abfahrt dann doch wieder verlässt – um wenig später erneut im EDEKA aufzutauchen, dieses Mal zielstrebig zum Messer-Regal zu eilen, *Allahu Akbar!* zu rufen und seine grausame Tat zu begehen.

So ambivalent geht kein Mensch vor, der unter Wahnvorstellungen leidet.

Die Tat erfolgte auf der Basis eines Entschlusses, nicht im Rahmen einer schweren Bewusstseinsstörung." Da ist sich Prof. Dr. Norbert Leygraf sicher. Der Sachverständige hat als letzter an diesem Tag im Zeugenstand Platz genommen, das aufgeklappte Laptop vor sich. Er zieht das Mikrofon heran, spricht langsam, pointiert. Der Vorsitzende unterbricht ihn nicht, lässt ihm freie Hand für seinen Vortrag.

Leygraf berichtet von seinen drei Besuchen im Untersuchungsgefängnis. Am Anfang sei Ahmad A. sehr misstrauisch gewesen, fast regungslos, habe allenfalls die Stirn gerunzelt, keine erkennbare emotionale Regung gezeigt. Auf Fragen habe er nur nach längerem Überlegen, nach wiederholtem Insistieren in kurzen Sätzen geantwortet. Der Vorfall – so habe der Täter die Terrorattacke bezeichnet – sei Gottes Wille gewesen.

Von seinem auftrumpfenden Verhalten unmittelbar nach der Verhaftung im Polizeipräsidium („Ich bin ein Terrorist") sei nach einigen Tagen wenig übriggeblieben. Ahmad A. habe bei seiner Exploration zunehmend einen resignativ verstimmten Eindruck gemacht, kein Glück oder Stolz seien erkennbar gewesen. „Er schien mehr zu leiden, als einzuräumen er bereit war."

Äußerer Wandel in wenigen Jahren. Ahmad Alhaw in Spanien 2014/15 (oben), in Berlin im Januar 2016 (Mitte rechts), vor der Messerattacke 2017 (Mitte links), bei Eröffnung des Prozesses im Januar 2018 (unten)

Leygraf sieht in Ahmad A.'s strengreligiösen Phasen einen Schlüssel zum Verständnis der Tat, fasst sie in zwei mehrmonatige Abschnitte zusammen. Die erste Phase habe sich von März bis Juni 2016 erstreckt, als sich der Angeklagte verzweifelt und hoffnungslos fühlte, die zweite von November 2016 bis Januar 2017, in der er den ablehnenden Bescheid über seinen 18 Monate zuvor (!) gestellten Asylantrag erhielt. Beide Male änderte Ahmad A. sein Verhalten radikal.

Er stellte das Kiffen ein, verkniff sich jeden Blick auf das andere Geschlecht. Isolierte sich von seinen Bekannten und Freunden, hielt sich fast nur noch in seinem Zimmer auf, wo er neue Kraft aus dem Lesen des Korans geschöpft habe – bis er seine geradezu fiebrigen religiösen Übungen übergangslos abbrach, am Ende der zweiten Phase sogar, um mitten im Ramadan zum westlichen Lebensstil ohne Fasten, mit Fitness-Studio und Marihuana zurückzukehren... – zum Unverständnis seiner muslimischen Freunde.

Eine *innere Stimme* habe ihm die Tat befohlen, vertraute Ahmad A. dem Gutachter schließlich an. Das war in einer seiner religiösen Phasen gewesen. Eine innere Stimme, keine *äußere*, die der Täter vermeintlich oder wirklich akustisch erlebt, also gehört hat. Auf diese Unterscheidung legt Leygraf großen Wert, dazu hat er den Täter eingehend befragt.

Als jemand, der sich sein Studium als Pflegehelfer in der Psychiatrie verdient hat, weiß ich, warum. Der an einer Psychose schwer erkrankte Mensch erfährt seine akustischen, optischen oder haptischen Halluzinationen real, er kann den tatsächlich nur in seinem Kopf entstandenen Sinnesreiz nicht von der Wirklichkeit unterscheiden. Er hört wirkliche Stimmen, er sieht wirkliche Erscheinungen, er fühlt sich wirklich angefasst.

Ein solches eindeutiges Symptom für eine Psychose lässt Ahmad A. definitiv nicht erkennen. Die *innere Stimme*, von der er spricht, ist eher reflektorisch zu verstehen. Sein *Über-Ich* meldet sich zu Wort, sein schlechtes Gewissen. Allah.

Nun ist Mittag. Drei Stunden lang haben die Experten vor dem Strafsenat, allen Verfahrensbeteiligten, der Öffentlichkeit die Tat und die Persönlichkeit des Täters geradezu scheibchenweise analysiert.

Ahmad A. sitzt zunehmend starr auf seinem Stuhl, ein-zwei Mal schaut er kurz zum Zeugenstand hinüber. Kein Bart-Zupfen mehr. Das feine Lächeln verschwunden. Die Hände im Schoß bilden ein Dreieck nach außen, nach innen presst er die Fingerkuppen der Rechten und der Linken mit aller Kraft aneinander. Selbst aus ein paar Schritt Entfernung kann ich sehen, wie sich die Gelenke weißlich verfärben.

Der Druck muss enorm sein.

Eingehend beschäftigt sich Leygraf mit der biografischen Entwicklung des Angeklagten – dieser achtjährigen Odyssee durch vier europäische Länder. Angelockt von den Reizen des Westens, der Hoffnung, dort einen Studienplatz zu erhalten. Aber nirgendwo konnte er Fuß zu fassen. Er war nicht willkommen, sollte nicht bleiben.

Aus dem blitzgescheiten Jungen, der voller Optimismus nach Europa zog, um seine Träume zu verwirklichen, wurde ein von Selbstzweifeln geplagter Mann, der nicht bleiben durfte, wo er war, und – mangels entsprechender Reisedokumente – nicht dorthin zurückdurfte, wo er herkam. Eine schreckliche Situation. Ein Mann ohne Heimat.

Die achtjährige Odyssee habe das Selbstwertgefühl des Angeklagten schwer geschädigt, führt der Sachverständige aus. Er sei weder ein Kriegsflüchtling noch ein persönlich Verfolgter gewesen. Sie habe aus Ahmad A. einen Außenseiter gemacht, dem es nicht gelungen sei, eine seinem Alter und seinen Fähigkeiten angemessene Stellung einzunehmen. Der ein Leben voller belastender Erfahrungen, ohne Anerkennung führte, der sein Verhalten selbst *skrupelbehaftet* erlebte, weil es seinen eigenen Ansprüchen nicht genügte.

Erst die Hinwendung zur Religion habe ihm geholfen, sein Leben von Schlechtem zu reinigen. Nun sei er Allah für die Inhaftierung dankbar. Er selbst verfüge nicht über die Stabilität, um den westlichen Reizen zu wiederstehen.

Auf freundlich-verbindliche Art hält der Psychiater dem Angeklagten für das Gericht einen niederschmetternden Spiegel vor. Ahmad A. habe einfach nicht gelernt, sich anderen zu öffnen. Mangelnde Reife, eine Anpassungsstörung seien offensichtlich, auch eine depressive Grundstimmung mit aggressiven Elementen. Erst seine bedingungslose Hingabe an den Islam und seine scheinbare Bewunderung des IS habe zu einer Stabilisierung seines Selbstwertes geführt.

Auch wenn ihm Ahmad A. erklärt habe, der *Vorfall* sei nicht seine eigene Entscheidung, sondern Gottes Wille gewesen, hätten die Gespräche keine Anzeichen auf Wahnvorstellungen oder andere psychopathologisches Auffälligkeit ergeben, erklärte Leygraf. Dass Gott seine Hand mit dem Messer geführt habe, sei eine *Überzeugung* gewesen, die im Übrigen von nicht wenigen anderen Gläubigen geteilt werde. Ein Mensch mit Wahn stehe immer alleine da.

Routiniert fasst Leygraf die entscheidenden Ergebnisse seiner *Explorationen* zusammen, ohne dass ihn der Vorsitzende eigens dazu auffordern muss. Erstens: Ahmad A. habe zum Tatzeitpunkt *nicht* unter einer Psychose gelitten. Zweitens: Es gebe *keinen* Hinweis darauf, dass er unter Drogen gestanden habe. Drittens: Die Tat erfolgte zwar im Affekt, so doch auf der Basis eines Entschlusses und nicht im Rahmen einer Bewusstseinsstörung. Von einer Schuldunfähigkeit wegen seelischer Störungen oder zumindest einer verminderten Schuldfähigkeit nach den §§ 20 und 21 des Strafgesetzbuches könne daher *nicht* ausgegangen werden.

Keine Überraschung. Dass Leygraf nach der Untersuchung des Angeklagten zu diesem Ergebnis gekommen war, hatten schon zu Prozessbeginn die Spatzen von den Dächern gepfiffen. Und vielen in Saal 237 ist längst klar, dass – bei einem unzweifelhaften Tatnachweis – es die Frage der Schuldfähigkeit sein musste, bei der die Verteidigung ansetzen würde. Deren Job ist, an der Seite des Angeklagten zu stehen, unter den gegebenen Umständen das Beste für ihn herauszuholen.

Wer wegen einer krankhaften seelischen Störung oder einer tiefgreifenden Bewusstseinsstörung das Unrecht seiner Tat nicht begreift, kann auch keine Schuld haben, sagt das Recht. Ohne Schuld keine Strafe. Allerdings auch keine Freiheit, sofern das Gericht zu der hier wenig überraschenden Auffassung käme, dass von Ahmad A. in Zukunft weitere schwere Verbrechen, eine Gefährdung der Allgemeinheit zu erwarten ist. Dann würde es die Unterbringung des Messerstechers von Barmbek in einem Psychiatrischen Krankenhaus anordnen. Eine *unbefristete* Unterbringung.

Die Vernehmung weiterer Zeugen, die Einführung ergänzender Beweismittel ist seitens des Gerichtes nicht mehr vorgesehen, wird auch nicht von den anderen Prozessbeteiligten verlangt. Mit dem heutigen Tag schließt der Vorsitzende die Beweisaufnahme im Verfahren gegen Ahmad A., angeklagt wegen Mordes und sechsfachen versuchten Mordes. Für kommenden Montag sind bereits die Plädoyers von Staatsanwaltschaft, der Nebenkläger sowie das des Verteidigers vorgesehen.

Und ja, das letzte Wort des Angeklagten. Wobei, so wie sich Ahmad A. geriert und schweigt, wohl keiner im Saal fünf Euro darauf verwetten würde, dass er diese Chance, die ihm das die Strafprozessordnung gibt, tatsächlich nutzen wird.

Die Gerichte handeln innerhalb eines vom Parlament beschlossenen gesetzlichen Rahmens, hier dem Strafgesetzbuch, dessen §§ 20 und 21 die Frage der Schuldfähigkeit regeln

StGB
Strafgesetzbuch

§ 20 Schuldunfähigkeit wegen seelischer Störungen. Ohne Schuld handelt, wer bei Begehung der Tat wegen einer krankhaften seelischen Störung, wegen einer tiefgreifenden Bewußtseinsstörung oder wegen Schwachsinns oder einer schweren anderen seelischen Abartigkeit unfähig ist, das Unrecht der Tat einzusehen oder nach dieser Einsicht zu handeln.

§ 21 Verminderte Schuldfähigkeit. Ist die Fähigkeit des Täters, das Unrecht der Tat einzusehen oder nach dieser Einsicht zu handeln, aus einem der in § 20 bezeichneten Gründe bei Begehung der Tat erheblich vermindert, so kann die Strafe nach § 49 Abs. 1 gemildert werden.

(...)

63 Unterbringung in einem psychiatrischen Krankenhaus. [1] Hat jemand eine rechtswidrige Tat im Zustand der Schuldunfähigkeit (§ 20) oder der verminderten Schuldfähigkeit (§ 21) begangen, so ordnet das Gericht die Unterbringung in einem psychiatrischen Krankenhaus an, wenn die Gesamtwürdigung des Täters und seiner Tat ergibt, daß von ihm infolge seines Zustandes erhebliche rechtswidrige Taten, durch welche die Opfer seelisch oder körperlich erheblich geschädigt oder erheblich gefährdet werden oder schwerer wirtschaftlicher Schaden angerichtet wird, zu erwarten sind und er deshalb für die Allgemeinheit gefährlich ist. [2] Handelt es sich bei der begangenen rechtswidrigen Tat nicht um eine im Sinne von Satz 1 erhebliche Tat, so trifft das Gericht eine solche Anordnung nur, wenn besondere Umstände die Erwartung rechtfertigen, dass der Täter infolge seines Zustandes derartige erhebliche rechtswidrige Taten begehen wird.

Beck-Texte im dtv

Die Plädoyers

Montag, 19. Februar 2018. Sechster Verhandlungstag. Der *Staatsschutzsenat* des Hanseatischen Oberlandesgerichts hat die Beweisaufnahme am vergangenen Mittwoch zügig, aber nicht hastig abgeschlossen. In ihren – eher als *Plädoyers* bekannten – Schlussvorträgen werden die Ankläger heute nun ihre Strafanträge stellen und begründen, der Verteidiger diesen womöglich widersprechen, Entlastendes für seinen Mandanten anführen. Danach ist die eigentliche die Hauptverhandlung vorbei, als nächstes folgt schon das Urteil – wenn auch erst in der kommenden Woche. Dazwischen liegen neun Tage Bedenkzeit.

Ein paar Minuten vor Verhandlungsbeginn führen die Herren Justizwachtmeister den Angeklagten aus den Tiefen des Justizpalastes ans Licht. Als Ahmad A. auf seiner Bank Platz nimmt, geht ein leichtes Raunen durch Saal 237. Der wallende Vollbart ist spurlos verschwunden. Alles abrasiert. Der Messerstecher von Barmbek zeigt heute unverhüllt sein Gesicht. Von dem gelegentlichen süffisanten Lächeln keine Spur.

Die beiden Vertreter der Bundesanwaltschaft wechseln sich ab, ihr Vortrag beginnt mit einer Frage: Wie konnte es kommen, dass ein intelligenter junger Mann eine solche Entwicklung habe nehmen können? Sich selbst als *Terrorist* bezeichnet habe?

Eine Antwort darauf höre ich nicht, oder nicht an dieser Stelle, jedoch die Feststellung: Ahmad A. sei jedenfalls nicht aktiv verführt worden, weder vom IS noch von einer anderen radikalislamischen Gruppe. Habe nie mit einer terroristischen Vereinigung in Verbindung gestanden, noch von einer solchen einen entsprechenden Auftrag erhalten.

Zwar, die kurzzeitige Schließung der Al-Aqsa-Moschee im vergangen Jahr sei ihm als Palästinenser sehr nahegegangen. Aber am Tag der Tat, also am 28. Juli, habe sich die Situation in Jerusalem schon deutlich entspannt. Und ja, der Täter habe unmittelbar vor der blutigen Attacke eine nahegelegene Moschee zum Freitagsgebet besucht, in der tatsächlich zum Thema Al-Aqsa-Moschee gepredigt worden sei. Jedoch habe der Imam dazu aufgerufen, den Konflikt *friedlich* zu lösen.

Ahmad A. hatte bei seiner polizeilichen Vernehmung gesagt, er habe in göttlichem Auftrag gehandelt; ein Gott gegebenes Versprechen nicht brechen wollen. Eine Anstiftung, gar einen Auftrag durch Gruppen oder einzelne Menschen gab es nicht.

Während die Staatsanwältin in ihrer dunkelroten Robe noch spricht, fällt mir ein, dass es tatsächlich eine Parallele zum Palästinenserkonflikt gibt, die hier vor Gericht noch gar nicht zur Sprache gekommen war. Später werde ich zuhause nachschlagen: Tatsächlich hatte es in Jerusalem seit 2015 mehrere Messerattentate von Palästinensern oder israelischen Arabern auf Juden gegeben.

Zuletzt am 24. Juli 2017, also nur vier Tage vor der Terrorattacke in Barmbek, als im israelischen Petach Tikva, einem Vorort von Tel Aviv, ein arabischer Attentäter in einer Imbissbude unvermittelt ein Messer zückte und einen israelischen Busfahrer niederstach und bei der Flucht von beherzten Passanten gestellt wurde. Der Vorgang ging um die Welt, er wird auch Ahmad A. nicht entgangen sein, diente vielleicht als Vorbild.

Dass es sich bei dem Blutbad um Mord bzw. versuchten Mord handelt, steht für die Ankläger fest. (Ihnen wird später auch keiner widersprechen.) Gleich zwei Kriterien, die den Mord vom gemeinen Totschlag unterscheiden und die Tat besonders verachtenswert erscheinen lassen, seien erfüllt.

Erstens: Die *niedrigen Motive* des Angeklagten. Auch politische Beweggründe könnten zutiefst verachtenswert sein, wenn Menschen das Lebensrecht abgesprochen werde, nur weil sie dem falschen Kulturkreis, der falschen Religion angehören. Keines der Opfer hätte auch nur im Geringsten etwas mit den angeblich verwerflichen Taten des Westens in der arabischen Welt zu tun.

Und zweitens die *Heimtücke*, mit denen Ahmad A. seine Taten beging. Mit einer blitzschnellen und unvermittelten, völlig überraschenden Attacke aus dem Nichts. Die ihnen keine Chance auf Abwehr ließ. Auch bei den *Versuchen* – zumindest den allermeisten – habe der Täter auf das Leben der Opfer gezielt, deren Tod nicht etwa „nur" billigend in Kauf genommen.

Hinsichtlich ihres Strafantrages folgt die Bundesanwaltschaft dem Gutachter Dr. Leygraf: Ahmad A. habe die Taten zwar im Affekt, jedoch nicht bei gestörtem Bewusstsein oder unter dem Einfluss von Drogen begangen. Daher gäbe es auch keine Strafminderungsgründe. Da im Übrigen aus den Einzeltaten eine Gesamtstrafe zu bilden sei, käme nur die vom Gesetzgeber festgelegte lebenslange Freiheitsstrafe in Frage. Und da die Schuld des Täters weit über das *Normalmaß* hinausgehe, läge die Feststellung der *besonders schweren Schuld* durch das Gericht auf der Hand.

Ein Strafantrag, dem sich die Anwälte der Nebenkläger, also der Opfer des Täters im Zuge *ihrer* Schlussvorträge anschließen.

Mir wird klar: Wenn sich die Richter in ihrem Urteil den Strafantrag der Ankläger zu eigen macht, wird Ahmad A. das Gefängnis jedenfalls nicht nach 15 Jahren verlassen können, wie das bei einem normalen „Lebenslänglich" und guter Sozialprognose möglich ist. Wenn überhaupt nach einer viel späteren Haftprüfung – gesetzt der Fall, er wäre dann noch zu einem Leben in Freiheit fähig… Und wohin entlassen? Nach Deutschland, oder zurück in den Gaza-Streifen?

Vor dem Urteil:
Ein ernster Ahmad Alhaw, ohne
seine schützende Barttracht
(Foto: picture alliance/Wendt)

Oder soll das Gericht neben der Haftstrafe auch die staatliche Sicherungsverwahrung nach deren Verbüßung anordnen? Weil er auch in ferner Zukunft noch eine Gefährdung für die Bevölkerung darstellt? Einen entsprechenden Antrag stellt die Oberstaatsanwältin nicht, er wäre wohl auch rechtlich kaum haltbar. Ahmad A. sei noch jung. Über eine Sicherungsverwahrung müsse zum heutigen Zeitpunkt gar nicht entschieden werden.

Das könnte in die Richtung gehen wie bei dem schon angeführten Prozess gegen Marcel Heße, den Doppelmörder von Herne. Vor ein paar Tagen hat das Landgericht Bochum das Urteil über den erst 20jährigen Täter gefällt: Lebenslängliche Freiheitsstrafe *plus* Feststellung der besonderen Schwere der Schuld *plus* der *Vorbehalt* der anschließenden Sicherungsverwahrung.

Über die wird ein Gericht zu einem viel späteren Zeitpunkt entscheiden, wenn nach zwanzig, fünfundzwanzig oder dreißig Jahren die Reststrafe auf Bewährung ausgesetzt werden könnte, und man mehr über die Persönlichkeitsentwicklung des Gefangenen nach langer Haft weiß.

Eine sehr schwere Strafe für ein sehr schweres Verbrechen. Mehr geht nicht. Es ist die Höchststrafe, die ein deutsches Gericht verhängen kann, und sie droht auch diesem Angeklagten dort: Ahmad Alhaw (27), staatenloser Palästinenser, der nach Europa kam, um Spaß zu haben und Zahnarzt zu werden, und als der *Killer von Barmbek* endete.

E s ist schwer, zu durchschauen, was Ahmad A. in diesen Minuten denkt oder fühlt. Seine Haltung hat nichts mehr von dem Stolz der ersten Tage. Was an Überheblichkeit erinnerte, gar an Arroganz, ist verschwunden. Er hält sich aber auch nicht krumm. Beugt sich nach vorne, oder schaut auf den Boden. Keiner der Ankläger vergisst aufzuzählen, mit welcher Brutalität und Menschenverachtung der Angeklagte seine Tat beging. Alles kocht erneut auf, natürlich für die Opfer, auch für den Täter, der da auf der Bank mit seiner ganzen Schuld sitzt, und Scham.

In einer solchen Situation verbergen nicht wenige Angeklagte ihr Gesicht hinter den Händen. Ahmad A. nicht. Er hat sich sogar den Bart abgeschnitten. Seine Mimik spricht Bände, oder sagt nichts. Man kann ein neutrales Gesicht machen, ein ernsthaftes, ein ernstes. Sein Gesichtsausdruck ist der ernsteste, den ich jemals in meinem Leben gesehen habe. Äußerlich noch glatt und faltenlos – und doch das Gesicht eines bitteren, viel älteren Mannes, der weiß, dass er mit den Leben seiner Opfer auch sein eigenes ruiniert hat.

Als ich dies hier ein wenig später aufschreibe, fällt mir ein Interview mit Dietmar Heubrock in die Hände, das am 14. Februar 2018 in der „Welt" erschien. Der Psychologe vom Bremer Instituts für Rechtspsychologie berät Sicherheitsbehörden in ganz Norddeutschland bei der frühzeitigen Erkennung von extremistischen Attentätern.

Auf die Frage, wie man in einer Menschenmenge einen Attentäter erkennt, betont Heubrock: Der Attentäter falle auf, weil er mit allen Mitteln versuche, nicht aufzufallen. Er bewege sich langsamer als die anderen Menschen in einer Menschenmenge. Seine Mimik sei starr, außerdem nestelten diese Leute unheimlich viel an sich oder an Objekten wie einer Wasserflasche herum. Auch sei das Bild vom typischen Attentäter – jung, bärtig, arabisch, mit Gebetskette, vor sich hin murmelnd – falsch; tatsächlich stehe ja im Koran, man solle frisch rasiert, gut riechend und in feinen Kleidern „in den Tod übertrete".

Was kann ein Verteidiger für seinen Mandanten ausrichten, wenn es sich bei diesem um einen geständigen, offensichtlich schuldfähigen Mörder handelt? Um jemanden, der hinterrücks und aus menschenverachtenden Motiven gehandelt hat?

Und weiter – welche Rolle spielt der Verteidiger bei dem, was *auch* eine wichtige Aufgabe solcher Strafprozesse ist, nämlich Licht in ein schreckliches Ereignis inmitten unserer Gesellschaft zu bringen, seine Hintergründe zu analysieren, es *aufzuarbeiten* im Interesse der Betroffenen, der ganzen Gesellschaft?

Offensichtlich keine leichte Aufgabe für Ahmad A.'s Pflichtverteidiger, Christoph Burchard aus Hamburg-Altona – jedoch eine, an der er nicht scheitert. Sechs Verhandlungstage lang hat er morgens Saal 237 auf eine routiniert-nachlässige Art betreten, wie andere Leute ein x-beliebiges Großraumbüro. Freundlich begrüßt von den Justizwachtmeistern, die ihm durchgehen lassen, dass er seinen Mantel einfach auf eine Bank hinter sich wirft, anstelle ihn ordentlich aufzuhängen.

Ein Verteidiger, der dem Mandanten, dem Dolmetscher daneben freundlich die Hand schüttelt. Ein gerade einmal mittelgroßer Mann in den besten Jahren, einer, der stundenlang konzentriert zuhören kann für ein paar ausführliche Notizen. Ein Rechtsanwalt, der vor Gericht auf jeglichen Theaterdonner verzichtet. Ein Verteidiger, der Zeugen nicht ins Kreuzverhör nimmt, sondern nachhakend-höflich befragt, durchsetzt von reichlich Denkpausen, die ihm der Vorsitzende geduldig durchgehen lässt. Vor diesem Senat wird keiner gedrängelt.

Ich bin allein, nur ein kleines Gegengewicht", beginnt Burchard sein Schlussplädoyer rhetorisch nicht ungeschickt, sehr bescheiden. Eigentlich gäbe es hier nicht viel zu verteidigen, auf den ersten Blick. Sein Mandant habe die Taten eingeräumt, die Verantwortung übernommen. Er habe in den letzten Tagen viel Zeit mit ihm verbracht. Herr Alhaw wisse, welch großes Leid er über die betroffenen Familien gebracht habe. Auch er habe darüber nachgedacht, wie sein Mandant solch schrecklichen Dinge habe tun können. Und wenn er sich jetzt doch etwas ausführlicher äußern werde, dann nicht, um die Taten zu entschuldigen. Sondern allein, um den Versuch einer Erklärung zu wagen.

Gefragter Mann:
Verteidiger Christoph Burchard
(Foto: Berten)

Burchard lässt die Lebenssituation des Angeklagten im vergangenen Sommer noch einmal Revue passieren. Wie Ahmad A. 2009 durch die Hintertür nach Europa gelangt war, mir Vorfreude auf das Leben im Westen. Wie er bei seiner Ankunft in Norwegen feststellen musste, dass das Land seine vormals recht lockeren Asylbestimmungen erheblich verschärft hatte. Wie sein Asylantrag abgelehnt wurde, auch die Ausflüge nach Schweden und Spanien mit Anträgen dort nicht halfen. Wie er immer noch hoffte, bei uns ein Bleiberecht, einen Platz zum Leben zu finden. Wie sie ihm seinen Pass wegnahmen, eine Katastrophe. Denn das habe er feststellen müssen: In Europa sei man nur ein Mensch, wenn man ein Stück Papier mit einem Stempel darauf hat.

Als Ende 2016 auch in Deutschland sein Asylantrag abgelehnt worden sei, sei Ahmad A. schier verzweifelt gewesen. Überall in Europa habe er sich um Anpassung bemüht, Sprach- und Integrationskurse besucht. Und jetzt das! In einem Alter, indem andere ihre Ausbildung abschlössen und Familien gründeten, habe er vor dem Nichts gestanden. Also habe er schweren Herzens beschlossen, zurückzukehren zu seiner Familie, aber auch das blieb ihm mangels *Papieren mit Stempeln* vorerst verwehrt. Wieder sollte er monatelang warten, bis ein bürokratischer Apparat – in diesem Fall die palästinensische Autonomiebehörde – ihn mit neuen Papieren versorgen sollte.

Weder durfte er in Deutschland bleiben, noch konnte er ausreisen. Eine Pattsituation! Ahmad A. sei in eine *Lebendfalle* gelaufen. Eine schreckliche Situation, in der Menschen besonders anfällig seien für alle Verführungen, die ihr Selbstwertgefühl wieder herstellen, führt Burchard aus. Er nimmt nicht nur die zuständigen staatlichen Ämter, auch die ganze Gesellschaft in die Pflicht:

„Herr Alhaw hat sich mit einer Begeisterung radikalisiert, die uns hätte auffallen, mit der wir hätten umgehen müssen. Entweder mit einem vorübergehendem Bleiberecht und der Chance auf Arbeit oder Ausbildung, oder, indem wir mit unseren Möglichkeiten dafür gesorgt hätten, dass er schnell in sein Heimatland zurückkonnte."

Der Gutachter habe bei seinem Mandanten eine Anpassungsstörung diagnostiziert, fährt Burchard fort: „Aber Anpassung woran? Wir haben ihm keinen Raum gegeben, dem sich Herr Alhaw anpassen konnte." Jedenfalls sei Herr Alhaw in seiner Lebendfalle verhangen gewesen, aus der er nicht wieder herausgefunden hätte. Habe sich in den letzten Monaten zunehmend isoliert. So dass sich seine Lebensmaßstäbe immer stärker verrückten, bis er Dinge tat, die ihm Menschen, die ihn kennen, niemals zugetraut hätten. Ausgelöst durch eine scheinbare Banalität – die nach sechs Monaten noch immer nicht eingetroffenen Reisepapiere – von der Ahmad A. drei Stunden vor seiner blutigen Tat im Ausländeramt erfahren hatte.

Christoph Burchard stellt keinen Antrag, doch seine Strategie scheint zu sein, einer Feststellung der besonderen Schuld durch den Strafsenat entgegenzutreten. Er appelliert an die Richter, die *Lebendfalle*, in der sich sein Mandant befand, als schuldmildernden Faktor zu bewerten.

Der Vorsitzende wartet einen Augenblick, bedankt sich. Alle Schlussvorträge wurden gehalten. Er zögert, ein Moment der Stille macht sich breit in Saal 237.

Ahmad A. hat während des Plädoyers seines Verteidigers aufrecht gesessen, nach unten geschaut. Jetzt hat er den Kopf erhoben. Sein Blick und der des Richters treffen sich eine halbe Sekunde, dann wendet der Vorsitzende ein wenig den Kopf und spricht den Dolmetscher an. Er möge Ahmad A. bitte erklären, dass das Gericht nun die Verhandlung noch einmal unterbrechen werde, bis zur Urteilsverkündung in der kommenden Woche. Doch zuvor habe er als Angeklagter das Recht auf ein letztes Wort. Ob er den Anwesenden noch etwas sagen wolle?

Adnane Haloui übersetzt in Ahmad A.'s Kopfhörer hinein, sieht den Angeklagten fragend an. Dieser nickt, holt einen beschriebenen Bogen Papier hervor, legt ihn vor sich. Hat sogar für den Dolmetscher eine Zweitschrift parat – das muss er sich in den vergangenen Tagen von den Anderen abgeguckt haben. Also wird er sich erklären, offensichtlich auf Arabisch. Eine Überraschung nach langem Schweigen – wohl auch für seinen Verteidiger, wenn ich dessen Haltung und Mimik richtig deute.

Seine Stimme ist nicht laut, und dringt doch in jeden Winkel von Saal 237. Die Übersetzung ins Deutsche erfolgt konsekutiv, also in einem Stück *nach* Ahmad A.'s Vortrag. So stört sie diesen nicht. Das Arabische ist mir fremd wie wohl den allermeisten hier im Saal. Hier und jetzt klingt es betont und prononciert nach einer harten Melodie, so wie wenn Einer von einer Schlacht berichtet. Oder betet. Da hat sich jemand gut vorbereitet über ein langes Wochenende in Haft; weiß, dass das sein letzter Schuss ist, vielleicht für das ganze Leben.

Zu Beginn zitiert der Angeklagte aus der 5. Sure des Koran. Vers 33 steht im Kontext der ewigen Auseinandersetzung des Islam mit dem Judentum („Kindern Israels"), hier verwendet Ahmad A. einen Auszug des Textes als Manifest eines moralischen Gebotes der Islam, gegen das er verstoßen habe:

> *Wer ein menschliches Wesen tötet,*
> *ohne dass es einen Mord begangen oder*
> *auf der Erde Unheil gestiftet hat, so ist es,*
> *als ob er alle Menschen getötet hätte.*
> *Und wer es am Leben erhält, so ist es,*
> *als ob er alle Menschen am Leben erhält.*

…und fügt dann hinzu:

„Ich konnte in den letzten Tagen nur schweigen, als Zeichen meines Bedauerns, obwohl dies Herrn P. nicht wieder zum Leben erweckt. Ich kann die Zeit nicht zurückdrehen. Ich habe gelernt, dass der Mensch nicht das Recht hat, ein Leben zu beenden, ganz egal wie die Gründe oder Umstände sind. Ich kann Sie nur mit großem Bedauern um Entschuldigung bitten, und hoffen, dass Sie mir verzeihen."

Der 33. Vers der 5. Sure des Korans
(Foto: Klevesath)

AL-MĀ'EDAH

30. Ich will, daß du meine Sünde tragest zu der deinen und so unter den Bewohnern des Feuers seiest, und das ist der Lohn der Frevler.»

31. Doch sein Sinn trieb ihn, seinen Bruder zu töten; also erschlug er ihn und ward der Verloren einer.

32. Da sandte Allah einen Raben, der auf dem Boden scharrte, daß Er ihm zeige, wie er den Leichnam seines Bruders verbergen könne. Er sprach: «Weh mir! Bin ich nicht einmal imstande, wie dieser Rabe zu sein und den Leichnam meines Bruders zu verbergen?» Und da wurde er reuig.

33. Aus diesem Grunde haben Wir den Kindern Israels verordnet, daß wenn jemand einen Menschen tötet – es sei denn für (Mord) an einem andern oder für Gewalttat im Land –, so soll es sein, als hätte er die ganze Menschheit getötet; und wenn jemand einem Menschen das Leben erhält, so soll es sein, als hätte er der ganzen Menschheit das Leben erhalten. Und Unsere Gesandten kamen zu ihnen mit deutlichen Zeichen; dennoch, selbst nach diesem, begehen viele von ihnen Ausschreitungen im Land.

34. Der Lohn derer, die Krieg führen gegen Allah und Seinen Gesandten und Unordnung im Lande zu erregen trachten, wäre der, daß sie getötet oder gekreuzigt werden sollten oder daß ihre Hände und Füße abgeschlagen werden sollten oder für den Ungehorsam daß sie aus dem Lande vertrieben würden⁴⁴. Das würde eine Schmach für sie sein in dieser Welt; und im Jenseits wird ihnen schwere Strafe;

35. Außer jenen, die bereuen⁴⁵, noch ehe ihr sie in eurer Gewalt habt. So wisset, daß Allah allvergebend, barmherzig ist.

36. O die ihr glaubt, fürchtet Allah und suchet den Weg der Vereinigung mit Ihm und strebet auf Seinem Wege, auf daß ihr Erfolg habt.

Der Vorsitzende lässt einen Augenblick Stille verstreichen, schließt dann höflich-geschäftsmäßig die Sitzung. Ich schaue auf die Uhr. Gleich zwölf! Drei Stunden Mitschreiben vor Gericht können eine Ewigkeit sein, oder auch nur wie ein paar Minuten.

Auf der Bühne vor mir geschieht der Abgang der Richter am schnellsten, jetzt gleich wird auch ein ausgemergelter Ahmad A. abgeführt. Die Anwälte packen ihre Unterlagen und Klapprechner zusammen, legen ihre Roben ab wie etwas Gebrauchtes. Eine Stimmung, als ob es ins Wochenende geht, dabei ist es doch erst Montag.

Ich schaue mich um. Auch der Bereich für die Öffentlichkeit hat sich rasch geleert. Von den halben hundert persönlich interessierten Zuhörern zu Beginn des Verfahrens sind ehedem nur ein paar Einzelkämpfer und Paare verblieben. Eine Art *Prozessfamilie*, die auch heute auf dem Heimweg vor dem Portal des Strafjustizgebäudes stockt, wo frische Luft, die überfällige Zigarette locken.

Irgendwie hängt man zusammen.

- Glaubt Du das? Nimmst Du ihm das ab, das mit der Entschuldigung und so?

- Nie und nimmer! Ist doch nur, um gut Wetter zu machen.

- Mir tut der Kerl irgendwo leid.

- (...)

- Ja, ich weiß, ich weiß. Schlimme Sachen. Aber trotzdem.

- Weniger als lebenslänglich darf es nicht geben, niemals. Sonst raste ich aus.

Die Dame mit der blonden Haarpracht, die mir letztens so vehement über den Mund fuhr, lehnt sich heute schweigend an ihren Begleiter, starrt hinunter auf den kahlen Sievekingplatz. Das Make-up unter ihren Augen ist verschmiert, in der Hand hält sie ein Tempo.

Es wird ziemlich viel geweint in diesem Verfahren.

Am Tag der Urteilsverkündung präsentiert sich das Oberlandesgericht in strahlender Morgensonne. Die vielen Eisenstelen mit Pflanzen aus aller Welt vor dem Hamburg-Panorama erinnern an das dunkle Kapitel zwischen 1933 und 1945, in der – wie der dazugehörige Gedenkstein festhält – die deutsche Justiz ein willfähriges Instrument der nationalsozialistischen Diktatur und des Rassenwahns war
(Foto: Berten)

Das Urteil

Es ist der erste Tag im März 2018, meteorologischer Frühlingsanfang – doch über der Hamburger City liegt noch ein Tuch aus Schnee und Eis. Tatsächlich ist Väterchen Frost, nach durchweg milden Wochen, erst vor ein paar Tagen überhaupt in die Hansestadt eingezogen, und wird sich unter blauem Himmel bei weißer Kulisse so schnell nicht wieder verabschieden.

Ich stehe noch auf dem Sievekingplatz, dick eingepackt bei minus elf Grad. Gleich muss ich ins Gericht, mir das Urteil in Sachen Ahmad A. abzuholen. In das Strafjustizgebäude zu meiner Rechten strömen schon mehr Besucher als sonst, davor haben TV-Techniktransporter vor Justitias Augen ungerührt im Parkverbot festgemacht. Einen Moment noch gönne ich mir den Blick auf das prachtvolle Oberlandesgericht in strahlender Morgensonne, wie der rötliche Schein das Patinagrün der Kuppel über unseren Köpfen erglühen lässt.

Der Vorsitzende Norbert Sakuth ist kein Mann des großen Pathos. Die Formel *Im Namen des Volkes ergeht folgendes Urteil* klingt wie jedes Mal neu darüber nachgedacht. Die Feststellung der Schuld des Angeklagten könnte auch als Diagnose durchgehen und das erwartete Strafmaß für Mord und mehrfachen versuchten Mord wie eine ärztliche Verordnung. Auf dem Rezept stehen: Lebenslänger Freiheitentzug, sowie Feststellung der besonderen Schwere der Schuld des Angeklagten.

Das Urteil entspricht vollständig dem Strafantrag der Bundesanwaltschaft; auch der 3. Strafsenat mochte sich nicht durchringen, in seinem Urteil zusätzlich eine anschließenden Sicherheitsverwahrung vorzubehalten.

Ahmad A. hat sich in den gleichen abgetragenen Sachen wie immer in Saal 237 vorführen, an seine Bank führen lassen. Anscheinend hat er sich seit dem letzten Verhandlungstag in der vergangenen Woche nicht mehr rasiert. Mit seinem schwärzlichen Bartschatten erscheint er mir nun wieder wie der Muster-Flüchtling von vor zwei Jahren, als er Spiegel-TV ein Interview *gegen* islamistischen Intoleranz gab. Er nimmt das Urteil gefasst, ohne erkennbare Mimik entgegen. Sein Blick konzentriert sich auf den Vorsitzenden, sonst nichts.

Dieser hat sich während der Urteilsverkündung sichtlich bemüht, seine Aufmerksamkeit allen Prozessbeteiligten und damit Betroffenen gleichermaßen zukommen zu lassen, und sei es nur in kleinen Dosen. Nach der eigentlichen Urteilsverkündung, wie üblich im Stehen, nimmt er Platz für die Begründung – und nutzt die Gelegenheit, den Blick des verurteilten Mörders zu erwidern.

Ich versuche, zu verstehen: Das ist kein fürsorglicher ärztlicher Blick, bei einer solchen Ernsthaftigkeit würde jedem Patienten das Schlimmste schwanen. Da schwingt auch keine Nähe mit. Für die Miene eines Seelsorgers fehlt die Empathie. Es ist der müde, und dennoch überlegte Augenausdruck eines Mannes, zu dessen nüchterne Aufgabe es gehört, an Mitmenschen, die er durchaus als solche sieht, nach bestem Wissen und Gewissen Recht und Gesetz zu vollziehen.

In der Begründung zählt der Vorsitzende wie üblich die bekannten Fakten auf, lässt noch einmal die blutigen Taten Ahmad A.'s Revue passieren. Es habe keine Anhaltspunkte für eine Strafmilderung gegeben. Der Angeklagte habe bei klarem Bewusstsein, entschlossen und mit hoher krimineller Energie gehandelt. Die Summe seiner Straftaten sprenge die Dimensionen eines üblichen Mordes bei weitem; das Gericht habe keine andere Wahl gehabt, als die besondere Schwere der Schuld festzustellen.

Allerdings habe der Angeklagte mit seinem letzten Wort glaubhafte Reue erkennen lassen. Dass es keinen Menschen Recht sei, das Leben eines anderen zu nehmen. Er sei davon überzeugt, dass dies kein taktisches Vorgehen gewesen. Und jetzt schaut er den 27jährigen Palästinenser direkt in die Augen, spricht ihn direkt an: „Wir hoffen, dass das in den kommenden Jahre dauerhaft Ihre Einstellung bleibt!" Ahmad

Alhaw nickt, wie man einem sehr strengen Vater zunickt.

Eine anschließende Sicherheitsverwahrung komme nur dann in Frage, wenn das Gericht bei dem Angeklagten bei mehreren schweren Vorstrafen einen *Hang* zu einschlägigen Taten feststellt. Eine eingefahrene Grundhaltung, einen eingeschliffenen inneren Zustand. Dies sei bei *diesem* Angeklagten zum heutigen Zeitpunkt nicht erkennbar. Hier folgt der 3. Strafsenat auch dem Gutachter Dr. Leygraf und dem erkennbaren Wunsch der Verteidigung.

Aber der vorsitzende Richter ist noch fertig, lässt erkennen, wen er am liebsten *auch* auf der Anklagebank gesehen hätte. *Den IS – den islamischen Staat.*

Denn tatsächlich habe es sich bei dem Verfahren ja um eine Staatsschutzsache gehandelt, die der Generalbundesanwalt zu Recht vor dem Staatsschutzsenat des Hanseatischen Oberlandesgericht angeklagt habe. Dabei sei es nicht um eine Anklage wegen der Mitgliedschaft in einer terroristischen Vereinigung gegangen; dazu hätte ja gehört, dass der Angeklagte jemals einen Kontakt mit Repräsentanten des IS gehabt hätte, was man ihm nicht habe nachweisen können.

Verkündet das Urteil:
Norbert Sakuth, Vorsitzender Richter
am Hanseatischen Oberlandesgericht
Foto: picture alliance/Wendt)

Also sei der Messerangriff im und vor dem EDEKA-Markt im engeren Sinn auch keine Aktion des Islamischen Staates gewesen. Nur, dass dem IS bei seiner geschickten Propaganda immer wieder aufs Neue gelänge, willige Helfer zu finden, die dann – wie Ahmad Alhaw – die Rolle des Terroristen übernähmen und Menschen in Angst und Schrecken versetzten. Und damit zum Ziel des US beitrügen, die Länder der westlichen Welt zu *destabilisieren*.

Niemand dürfe die Angst haben müssen, bei einem harmlosen Wochenendeinkauf im Laden um die Ecke von hinten niedergestochen zu werden.

Im Falle Ahmad A. habe es jedoch viele Helfer *gegen* eine Destabilisierung gegeben. Natürlich die Mitbürger, die mutig und geschickt den Terroristen Ahmad A. von weiteren Morden abhielten. Die Geschäftsleute, die flüchtenden Passanten in ihren Läden Schutz boten. Aber auch die Menschen, die als erste um die Verletzten bemühten, ihnen Erste Hilfe und Trost zukommen ließen. Sie alle hätten dafür gesorgt, dass der IS mit seiner Strategie des individuellen Terrors am 28. Juli 2018 in Hamburg-Barmbek nicht den gewünschten Erfolg gehabt hätte.

Am Ende – ein Fazit

Am Ende, wie am Anfang, steht die Frage: Warum hat Ahmad Alhaw die schreckliche Tat begangen? Oder besser: In welcher Situation muss sich ein Mensch befinden, um an einem friedlichen Sommertag mitten in Hamburg, im Supermarkt und auf offener Straße, einen vollendeten und sechs versuchte Morde an rein zufälligen Opfern zu begehen? Ohne von anderen dazu angetrieben oder gezwungen worden zu sein? Bei klarem, weder durch Krankheit noch Drogen gestörtem Bewusstsein? Allein aus einer radikalislamistischen Überlegung heraus? Und darüber hinaus – was können Politik und Gesellschaft tun, damit sich solche Taten nicht wiederholen?

Der psychiatrische Gutachter hat aus seiner Sicht eine mögliche Antwort dazu gegeben. Alhaw war zum Zeitpunkt der Tat ein von Selbstzweifeln geplagter Mensch in einem Leben voller belastender Erfahrungen. Ein Außenseiter, der an einer Anpassungsstörung litt und in der Religion einen Rettungsanker suchte und am Ende das Gegenteil davon fand.

Prof. Leygrafs Persönlichkeitsanalyse hat die große Mehrheit der Prozessbeobachter und schließlich auch das Hanseatische Oberlandesgericht überzeugt. Und dennoch erscheint mir der psychologische Blick auf den Täter allein seltsam einäugig, maximal zweidimensional. Zum räumlichen Sehen hingegen brauchen wir *beide* Augen, damit das Gehirn zwei voneinander leicht abweichende Signale zu einem einzigen, weit aussagekräftigeren *dreidimensionalen* Bild verknüpfen kann. Zur tiefenpsychologischen Sicht auf Täter und Tat muss die der Sozialisation kommen. Erst aus dem Spannungsverhältnis zwischen Individuum und Gesellschaft wird das Verhalten dieses – in jeder Hinsicht außergewöhnlichen – Täters verständlich.

Den Schlüssel zu diesem ganzheitlichen Tat- und Täterverständnis hat Alhaws Verteidiger Burchard in seinem Schlussplädoyer präsentiert, als er auf die von Prof. Leygraf diagnostizierte Anpassungsstörung abhob: „Anpassung woran? Wir haben Herrn Alhaw keinen Raum gegeben, dem er sich anpassen konnte."

Ich kann mir gut vorstellen, wie der 18jährige Ahmad im überfüllten, notleidenden, spannungsgeladenen Gaza sein Bündel schnürte. Voller Erwartungen und unverbrauchter Kraft für die richtigen Dinge. Ein junger Mann, den es in die weite Welt hinauszog, um dort *sein Glück zu machen*. Fast schon wie eine Grimm'sche Märchenfigur, nur, dass nicht ein paar spektakuläre Abenteuer, ein Topf voll Gold und am Ende die passende Prinzessin auf ihn wartete, sondern eine raue Passage inmitten von Schlepperkolonnen und Flüchtlingsströmen, oft überforderte Staatsbedienstete mit und ohne Uniform, tote Tage in Wohncontainern – und am Ende kein Erfolg, den er sich selbst, seinen Eltern und Geschwistern vorweisen konnte.

Junge Männer sind auf der Suche nach einer Aufgabe, einem Projekt, einer Mission, an dem sie sich beweisen können. Ihr Glück beruht – natürlich neben der Befriedigung grundlegender körperlicher und seelischer Bedürfnisse – auf einer positiven gesellschaftlichen Reflexion ihrer Existenz. Sie brauchen eine Rolle mit klaren und fairen Anforderungen und Chancen. Erwartungen, die sich erfüllen, ja, übertreffen lassen. Chancen, die mit Engagement ergriffen und in Erfolg umgewandelt werden können. Einen Rahmen, der ihnen Orientierung und Erfolg gibt, einen Raum, in dem sie von positiven und negativen Erfahrungen lernen und sich entwickeln können.

Ohne gesellschaftlichen Rahmen und Raum keine erfolgreiche Sozialisation, ohne erfolgreiche Sozialisation keine Identität. Mit der Pubertät verliert der Jugendliche die unbefangene Selbstgewissheit der Kindheit, als Heranwachsender fällt ihm endgültig die Verantwortung für sein Leben zu – er muss dieses, ja, *sich selbst* definieren.

Ahmad Alhaw hat seine schwierige Heimat in einer Lebensphase verlassen, in der er genau dieser Orientierung bedurfte. Die Jahre zwischen 18 und 25 sind die Entscheidenden im Leben junger Männer. Hier manifestiert sich bei den allermeisten, was später einmal aus ihnen wird. Der eine schafft glattrasiert und mit Binder sein erstes Staatsexamen in Jura und sitzt als jüngster Abgeordneter für die CDU im Bundestag, der andere pellt sich in schwarze Klamotten und wirft während des G20-Gipfels in Hamburg Pflastersteine auf bayerische Bereitschaftspolizisten. Dazwischen noch tausend Schattierungen.

Der Messerstecher von Barmbek schwamm im Nichts. Er war noch nicht einmal ein Flüchtling im neudeutschen Sinn, also zum Beispiel vor den Bombardierungen des Assad-Regimes oder den Selbstmordanschlägen der Taliban geflohen. Er war nicht mehr als ein *Wirtschaftsflüchtling* – also jemand, der so frei ist, sich in unseren gemäßigten und wohlhabenden Ländern einfach ein besseres Leben zu suchen. Verschärfend kam hinzu: Alhaw ist mit hoher Intelligenz gesegnet – oder gestraft. Er verstand und versteht seine Situation genau. Er litt nicht nur darunter, dass er nicht willkommen war, er setzte sich damit intensiv auseinander. Erst konstruktiv, indem er an Sprach- und Integrationskursen abgriff, was möglich war. Sich den Verlockungen des Westens hingab.

Jemand mit einer anderen Persönlichkeitsstruktur wäre vielleicht „nur" drogensüchtig geworden, oder einfach passiv-depressiv. Alhaw versuchte wieder und wieder, einen Platz in der europäischen Gesellschaft zu finden. Vergeblich. Weder Norwegen, Schweden, Spanien noch Deutschland präsentierten sich ihm als Einwanderungsland; der einzige Weg, die einzige *Anerkennung* schien die als anerkannter Asylbewerber zu sein. Doch auch diese Rolle blieb ihm verwehrt.

Wer Ahmad A. während des Prozesses beobachtete, konnte irgendwann zu dem Schluss kommen, dass er nur *spielt*. Ein tragisches Rollenspiel, auf das keiner hereinfiel. An einem Tag der *harte Knochen*, der die Schilderung seiner eigenen Brutalität regungslos oder süffisant lächelnd hinnimmt. Am anderen Tag der *Charmeur*, der die Auftritte der Zeuginnen genießt. Am Ende der *reuige Sünder*, Koranzitat und Entschuldigung an die Opfer inklusive.

Ich habe ihm keine dieser Rollen abgenommen. Auch der Terrorist war gespielt.

Ich glaube, dass bei Alhaw etwas Entscheidendes *gerissen* ist, als auch sein letzter Asylantrag abgelehnt wurde. Nämlich das Band zwischen ihm und der Gesellschaft. Wenn diese nicht bereit war, ihm einen anerkannten Platz zu geben, so konnte er genauso gut die denkbar *asozialste* Rolle einnehmen: Die des willkürlich mordenden, Angst und Schrecken verbreitenden Terroristen.

Er wird seit 2016 mit dieser Rolle geliebäugelt haben; die extrem religiösen Phasen dienten als Exerzitien zur *Ent-Sozialisierung*. Am Ende bedurfte es nun noch eines passenden Auslösers. Der war dann – drei Stunden vor der blutigen Tat – die Nachricht vom Ausbleiben der palästinensischen Reisepapiere. Er durfte nicht bleiben, er konnte nicht gehen; ein Mann ohne Heimat kann auch sterben.

Nur, dass er nicht den erhofften Märtyrertod gestorben ist. Sein erstes Opfer ist von ihm aus dem Leben gerissen worden, er aber wird auf seltsame Weise noch viele Jahre übrig bleiben hinter Gittern. Beladen von einer übermächtigen Schuld, nach all den Schmerzen und Schrecken, die er verbreitet hat. Vielleicht kann er im Zentralkrankenhaus der Hamburger Haftanstalten eine nützliche Betätigung finden. Vermutlich wird die Haft seine schuldige und geschundene Seele weiter belasten, seine Religion wird ihre einzige Flucht sein.

Was immerhin auch bleibt, ist die Erkenntnis, was hätte besser laufen können und müssen in all' den Jahren, in denen Ahmad Alhaw durch Europa irrte:

Erstens: Vier Asylverfahren in vier europäischen Ländern nacheinander (wie in Alhaws Fall) sind ein Unding. Europa braucht in Sachen Asyl ein einheitliches Recht und eine einheitliche Verwaltungspraxis, die das Grundrecht ohne jahrelange Verzögerungen garantieren. Wer Asyl beantragt hat, kommt in eine internationale Datenbank, um Doppelanträge auszuschließen. Die Bearbeitungszeit beträgt maximal sechs Monate; wer ohne eigenes Verschulden länger wartet, wird automatisch anerkannt.

Vielleicht ein hoffnungsloses Projekt, wenn man die EU einschließlich der Visegrád-Staaten betrachtet – jedoch machbar, wenn man ein

Europa der zwei Geschwindigkeiten akzeptiert. Kerneuropa, die Sechsergemeinschaft der guten alten EWG, stellt für dieses Projekt eine solide Wertegemeinschaft dar, der sich weitere Länder anschließen könnten.

Zweitens: Deutschland braucht ein vernünftiges Einwanderungsgesetz. Wenn es die Möglichkeit einer legalen Einreise, verbunden mit einem Studium, gegeben hätte, wäre Alhaw seine neunjährige Odyssee, seinen Opfern Tod und Schmerzen und den betroffenen Ländern viel Aufwand erspart geblieben. Auch im Gesundheitssystem wird in den nächsten Jahrzehnten der Fachkräftemangel virulent werden. Warum nicht kluge junge Leute aus weniger gesegneten Regionen der Welt in unser Land holen und ihnen hier eine Ausbildung bieten, zum Beispiel eben als Zahnmediziner?

Natürlich bedarf ein solches Verfahren durchdachter Kontingente und der ernsthaften Verpflichtung und Auslese der Bewerber. Der junge Ahmad Alhaw hätte vielleicht alles daran gesetzt, dabei zu sein.

Es gibt keine Entschuldigung für ein siebenfaches heimtückisches Verbrechen. Es liegt allerdings in der Vergangenheit. Was die Zukunft angeht, sollten wir ernsthaft eine Minimierung des Wiederholungsrisikos anstreben.

Über den Autor

Jahrgang 1953 --- Sohn eines weitsichtigen Musikwissenschaftlers und einer wunderbaren Grafikerin, Vater zweier großer Kinder. Neuerdings Großvater. Kindheit in der kargen Nachkriegszeit, aufgewachsen in einer streng katholischen Siedlung in Köln-Mülheim, ohne Vater, mit drei Geschwistern, in einem Haus voller Bücher. Messdiener. Berufswunsch mit vierzehn: Schriftsteller. Mit achtzehn: Hörfunk mit Uwe Johnson, Martin Walser, Hilde Domin. Sitzenbleiber, Schulrebell, Regisseur am Jugendtheater. Dann doch noch Abitur am Gymnasium Köln-Holweide. --- Später Studium und Magister Artium in Publizistik, Amerikanistik, Soziologie an der Freien Universität Berlin, über Wasser gehalten als Pfleger in der Kinder- und Jugendpsychiatrie. --- Hörfunk für alte Menschen in Berlin, Kriegsreporter in Nordirland. Der Liebe wegen in die norddeutsche Provinz verschlagen. Familie gegründet, Geld verdient. --- Journalist (Hörfunk, Zeitung, Zeitschrift), später Unternehmenskommunikation, Pressesprecher der Stadt Flensburg, Städtischer Amtsleiter in Dortmund. Zertifizierter Coach. --- Im Unruhestand endlich zu dem gekommen, was er Zeit seines Lebens wollte: Große Geschichten recherchieren und erzählen – von fernen Orten der Welt und mitten aus Deutschland.

Kontakt zu Oliver Berten:
family.berten@t-online.de

Oliver Berten:

Die wilde Nacht des Neffen

Der Tod bringt Wandel für alles, und alle die leben

Was geschah in Hitchcock House? Gaststudent Julian aus Berlin ist ein Star im Wohnheim der Universität Chicago. Dann geschehen Dinge, die besser nicht passiert wären, und der 21jährige wird tot aus dem Fluss gefischt. Seinen Vater hat Julian nie gesehen – sein Onkel Martin fliegt in die USA, um die Leiche nach Hause zu holen. Und stellte fest: Der Tote im Leichenschauhaus ist gar nicht Julian! Während in den Staaten zwischen Onkel und Neffe ein packendes Katz- und-Maus-Spiel seinen Lauf nimmt, stellt der vermeintliche Tod des einzigen Kindes in Berlin die Familie auf den Kopf. Alte Geheimnisse kommen ans Licht und nichts bleibt, wie es war, im Guten, wie im Bösen.

Fulminanter erster Roman der deutsch-amerikanischen Trilogie. Roadmovie in den tiefsten USA, Familiendrama im Herzen Berlins - mit so vielen Liebesdingen, wie zum Leben gehören.

Bei **Amazon** als Paperback + eBook erschienen

Oliver Berten:

Der falsche Mozart

Geliebt, gehasst, verleugnet – das Erbe der Väter stirbt nie

Wolfgang Amadeus Eisenvater, deutscher Kripobeamter, wird halbtot am Ufer des Mississippi gefunden. Man hat ihn als Mann von außen engagiert, einen Verbrecher in den Reihen des FBI dingfest zu machen. Parallel zu seinen verdeckten Ermittlungen verfolgt Eisenvater in den USA eine zweite, private Spur. Stimmt es, dass Mozart im Jahr 1787 in Amerika gewesen war? Und wenn ja – wieso? Und was hat es mit dem weltweit bekannten Ölgemälde auf sich, das gar nicht, wie 200 Jahre geglaubt, den genialen Komponisten, sondern einen unbekannten jungen Mann vom k.u.k.-Hof in Wien zeigt?

Der zweite Roman der deutsch-amerikanischen Trilogie. Zeit- und Familiengeschichte, mitreißend erzählt, verknüpft mit einem historischen Thriller aus dem späten 18. Jahrhundert.

Bei **Amazon** als Paperback + eBook erschienen

Oliver Berten:

Alamo Square

Die, die wir lieben, und was der Terror mit ihnen macht

Beim Blick auf die Skyline von San Francisco macht Finn Wientapper eine erschütternde Entdeckung: Er kann sich in seinen entbehrten toten Zwillingsbruder, eine andere Zeit, ein anderes Universum versetzen. Das FBI macht sich die Quantentheorie und Fähigkeit des jungen Deutschen zunutze, eine mörderische Anschlagsserie auf Tausende amerikanische Leben zu vereiteln – den Bojinka Plot oder 48 Hours of Terror, tatsächlich noch vor 9/11 von al-Kaida minutiös geplant. Als Field Agent auf Zeit geht Finn von heute in das Manila von 1995, ein Freiwilliger im Kampf gegen den Terrorismus, von Pflichtgefühl und Einsamkeit getrieben...

Dritter und letzter Roman der deutsch-amerikanischen Trilogie. Science-Thriller und zeitgenössisches Familiendrama auf drei Kontinenten – und ein literarischer Diskurs zu der Frage, wann Töten im Kampf gegen den Terror erlaubt ist.

Bei **Amazon** als Paperback + eBook erschienen

www.ingramcontent.com/pod-product-compliance
Lightning Source LLC
Chambersburg PA
CBHW021447210526
45463CB00002B/665